개인과 기업의 성공 길잡이

절대우위+One 전략

개인과 기업의 성공 길잡이

절대우위+ONE 전략

초판 1쇄 인쇄 ┃ 2020년 7월 24일
초판 1쇄 발행 ┃ 2020년 7월 30일

지은이 ┃ 김재경
교정/편집 ┃ 이원희 / 이수정 / 김보영
표지 디자인 ┃ 김보영

펴낸이 ┃ 서지만
펴낸곳 ┃ 하이비전
신고번호 ┃ 제 305-2013-000028호
신고일 ┃ 2013년 9월 4일(최초 신고일 : 2002년 11월 7일)
주소 ┃ 서울시 동대문구 신설동 97-18 정아빌딩 203호
전화 ┃ 02)929-9313
홈페이지 ┃ hvs21.com
E-mail ┃ hivi9313@naver.com

ISBN ┃ 979-11-89169-53-4 (03320)

값 15,000원

개인과 기업의 성공 길잡이

절대우위+One 전략

김재경 지음

하이비전

　인생에 있어서 가장 아름다워야 할 청춘(靑春) 시절에 여러 번의 실패로 인하여 심신이 지난했었다. 그랬던 청춘의 시절이 벌써 엊그제 같은데 세월은 빠르게도 흘렀다. 벌써 뜨거웠던 여름이 지나가고 나에게도 문득 가을이 찾아왔음을 느낀다.

　아흔이 되도록 번역가로 활발히 활동 중이신 김욱 선생님은 가을을 적추(赤秋)라 표현하신다. 적추(赤秋), 붉은 가을의 시점으로 보면 드디어 불타오르는 꿈의 진정한 시작점은 가을일 수도 있다. 봄날은 가고, 가을은 온다. 가을은 겨울로 흐르지만, 누군가는 그 순간조차도 미래의 새싹을 보기 위해 희망을 준비한다. 단순히 앞으로 나아가기 위한 것이 아니라 우리의 삶을 순수하게 즐길 수 있는 시기가 바로 가을의 시간, 노년이라고 생각한다. 다른 세속적 고민에서 벗어난 채로 순전히 자신이 좋아하는 것에 매달릴 순간은 그리 많지 않다.

　공자가 말했던 이순(耳順, 60세)의 시간, 귀가 부드러워져 그동안의 치열한 단상이 한데 어우러지기 좋을 시간이다. 그러다 보면 공자가 말했던 70세에도 이를 것이다. 그때는 '종심소욕불유구(從心

所慾不踰矩)'여서 내 욕심대로 행동해도 아무 문제도 생기지 않고 순리에 맞는 경지에 오를 수 있을까. 여전히 궁금하다.

여전히 궁금하기에 여전히 노년은 춥지 않다. 노년은 붉게 타오른다. 꿈들이 욕심 없이 타오르고 꿈들이 다음의 세대로 이어지는 것을 깨닫는 순간에 나는 무엇을 해야 할지 생각한다. 내 꿈은 여전하다. 나는 공부를 해왔고 공부가 즐겁다. 이제까지 공부했던 과정을 정리해야 할 시간을 오래전부터 기다려 왔다. 나는 쓰고 싶었고, 지금 쓰고 있다.

미처 예상하지 못했던 푸릇한 새싹이 피어나는 순간을 서재에서 꿈꾼다.

생각해보면 나 홀로 살아온 길이 아니었다. 나의 가족, 고인이 되신 아버님, 어머님, 동생들, 친우들, 사회에서 만난 직장 동료들과 선후배, 그리고 고객들과 같이한 길이었다. 그분들의 도움 덕택에 여기까지 올 수 있었다. 특히 이 지면을 빌려서 인생에 어려운 결정을 할 때마다 큰 힘이 되어 주셨던 도진명(Jim Doh) 부회장님, 이재부 사장님, 정재영 교수님, 이봉수 교수님, 김동홍 선배님, 스티브 몰렌코프(Steven M. Mollenkopf) CEO님, 베루즈 앱디(Behrooz Abdi) CEO님께 감사의 말씀을 전하고자 한다.

2020년 7월 구의동 서재에서 김재경

CONTENTS

CONTENTS

필연의 경쟁,
지속가능한 성장을 위하여

사람은 필연적으로 누군가와 경쟁을 해야 한다. 사회인으로 살아가려면 숙명적이라고까지 할 만한 이치다. 나 역시 경쟁의 과정을 성실히 겪어오면서, 언제나 내 한계를 넘어 더 의미 있는 삶을 꾸리고자 많은 노력을 했다. 내 삶의 주인으로 당당하고 싶었다. 그러기 위해 경쟁이라는 과제를 성공적으로 완수해야 했고, 이를 위해 항상 내게 무엇이 장점으로 주어졌는지 고민하는 버릇이 생겼다.

선택한 것이 각자에게 배당될 수 있는 것이라면 더없이 좋겠지만, 나이가 들수록 모두가 선망하는 것이 있기 마련이고, 그것을 배당받을 자리는 한정적이다. 그러기에 그 자리에 내가 합당하다는 것을 증명해야 했다.

어른이 된 뒤부터는 경쟁의 논리를 적극적으로 내면화해야 했다. 고충도 따르지만 늘 자신을 경쟁우위의 상황에 놓기 위해 단련하도록 요구받았고, 성공을 위해서는 반드시 그렇게 해야 했다. 이를 위해 우선 습관적으로 학창 시절부터 몸에 밴 방식을 살펴보았었다. 일종의 다각화였다. 내가 잘할 수 있을 것 같은 요소들을 모두 잘하고 싶은 욕심이 앞선 것이다. 그게 가장 안전한 길 같았다.

절대우위를 위해서 노력하고 싶지만 선택된 길에서 성공하지 못할 수도 있다는 불안감 때문인지 그것에 필요한 모든 요소를 다 끌어안으려 했던 것이다. 그건 무척 합리적으로 보이는 유혹이었다. 혹시 모르니까 학생부종합, 학생부교과, 논술, 정시 등을 모두 챙겨야 하는 학생들의 마음이 이럴까? 나 역시 한국의 교육시스템 안에 있었고 심지어 학력고사 시대를 겪었기에 '모든 과목을 다 잘해야 한다'는 분위기에 길들어 있었다. 다각화의 의무를 온몸에 짊어졌던 셈이다. 더구나 한국에선 대기업이 급속하게 성장하면서 다각화한 전략이 어느 정도 성공했기 때문에 혹시 모를 리스크를 줄이기 위해 여러 방면으로 사업을 펼쳐놔야 한다고 믿는 경향이 강했다.

그런데 현실적으로 개인의 입장에서 보면 선택한 진로에 대해 모든 준비를 한꺼번에 하기는 어렵다. 그래서 언제나 선택과 집중을 하기 마련이지만, 히든챔피언이 되기 위해 절대우위를 지닐 요소의 경쟁력을 극대화하는 전략도 그렇게 쉽지만은 않다.

그러다 보니 절대우위 발굴을 위해 노력하면서도 하나쯤은 더 준비하고픈 생각이 들곤 했다. 다방면으로 모든 걸 하는 것은 불가능하고, 절대우위만을 위해 온 힘을 다 쏟는 것도 이상했다. 다각화를 하자니 시간과 능력이 부족하고, 절대우위만을 택하자니 그게 아닐까 봐 불안했다. 대학생 때는 그랬다. 모든 게 부족했고, 여하튼 나 자신을 사회에 내놓아도 충분한 경쟁력을 지닐 수 있도록 단단해지고 싶었다. 하루빨리 그런 경지에 가닿고 싶었다.

이처럼 내 경험을 통하여 뿌리를 내린 발상이 '절대우위+One'이었다. 선택과 집중을 하되 그 집중의 폭을 아주 약간만 넓혀서 보고, 2~3가지로 선택된 것들이 유기적으로 보완, 대체, 시너지 효과를 발휘하도록 구성하려고 했다. 그리고 그것을 넘어 차세대로 이어지는 전략 역시 새로운 '절대우위+One'을 선정하는 과정이었다. 하나를 하면 너무 두렵고 여럿을 하려니 벅차서 현실적으로 택한 방식이었지만 살면서 이 전략의 유용성을 깨달았다. 그 덕분에 지금 이에 관한 책을 쓰려는 마음을 먹을 수 있었다.

이 책의 핵심은 '절대우위+One' 전략이 인생 전반과 모든 분야에서 적용될 수 있다는 걸 공유하고자 하는 것이다.

이를 위해 PART I 에서는 내 경험으로부터 발상된 '절대우위+One'에 대해 이론적 소개를 하려고 한다. 자전적 사례를 결합한 것은 이론적 고민이 경험과 연결되어 있음을 보여주려는 목적이 크다.

PART II 에서는 이러한 '절대우위+One'에 대해 유명인의 사례를 들면서 자기계발적 요소가 개인에게도 적용될 수 있음을 보여주고 자 했다. 나의 경험에서 출발한 이야기가 보편적 개인의 영역으로까 지 확장되는 셈이다. 또한 개인의 '절대우위+One' 전략은 목표 달 성을 위해 효율성 극대화를 지향한다고 강조하였다. 그리고 이를 기 업에 적용하려고 했다. 기업이 지닌 특수성을 고려하여 '절대우위 +One'을 어떻게 적용해야 할지 소개하였으며, 특히 글로벌 혁신 기 업 및 국내 혁신 기업의 사례분석을 통하여 기업의 지속가능한 경영 의 방향성을 제시하고자 하였다.

이 책에 충분히 담지는 못했지만, 이 전략은 거시적 차원에서 역 사적 강대국의 전략을 분석하는 데에도 용이하다. 향후 대한민국의 경쟁력 연구와 강대국 만들기 전략 수립에도 도움이 되지 않을까 생 각해 본다.

지금부터 개인과 기업에 있어서 '절대우위+One' 전략이 어떻게 적용되어야 하는지 알아보도록 하자.

PART
I

'절대우위+One' 전략이란?

'절대우위+One'이란?

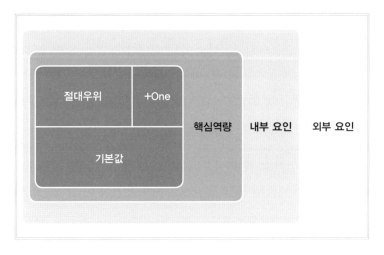

[그림 1-1] 절대우위+One 정의

 핵심역량이 절대우위의 요소인가?

[그림 1-1]에서 절대우위라는 개념을 조금 더 명확하게 정립하기 위해 유사한 용어인 핵심역량에 대해 잠시 살펴보자.

경영학을 공부한 독자라면 핵심역량(Core Competence)이라는 용어를 들어봤을 것이다. 보통 기업에서든 개인이든 자신이 지닌 역량 중 경쟁우위에 있는 핵심역량부터 파악하기 마련이다. 핵심역량 중 몇몇을 선택하여 집중하는 방식으로 경영전략을 짜고 이를 지원하는 총체적 혁신을 단행하는 것은 경쟁력 있는 기업의 흔한 성공스토리였다.

성공스토리의 주연을 장식하는 핵심역량은 "기업 내부의 조직구성원들이 보유하고 있는 총체적인 기술·지식·문화 등 기업의 핵심을 이루는 능력"을 의미한다.[1] 이때 핵심역량이란 단순히 그 기업이 잘하는 활동을 의미하는 것이 아니다. 분명하게 경쟁우위를 줄 수 있는 역량을 뜻하며, 경쟁기업과 비교하여 훨씬 우월한 능력에 대하여 핵심역량이라는 수식어를 붙인다. 핵심역량의 경우 비교우위든 절대우위든 남들보다 앞서거나 충분한 경쟁력을 갖춘 역량을 의미한다. 그리고 대개 비교우위적인 요소가 많다. 다른 경쟁자보다 나은 것을 찾아야 하는데, 단순히 상대보다 잘하는 것을 넘어 기회비용까지 고려할 때 유리한 경쟁우위적 요소를 찾는 과정이 핵심역량의 선정이라 하겠다. 그럼에도 '남들과 차별화되면서 후발주자가 쉽게 복제할 수 없는 것'이라는 단서를 보면 현격한 비교우위를 점하거나 절대우위의 수치로 높은 수준이라고 볼 수 있다. 이처럼 비교우위를 강조하되 절대우위의 요소도 점검하고 있다는 점에서, 절대우위의 요소도 어느 정도 담고 있다. 그도 그럴 것이 경쟁을 할 때 누구나 최고의 경지에 오르기 마련이고, 현실적으로 비교우위만으로 효율적 선두가 가능한 경우를 빼놓는다면 가급적 압도적인 경지에 오르는 것을 배제할 리는 없다. 만일 그것이 지나친 비용 손실로 이어질 경우로 판단한다면 일정한 선의 발전까지만 추구하겠지만 갈수록 과열되는 경쟁의 시대에 그런 수준에 만족해서는 세계 1등이 되기 어렵다.

결국 핵심역량의 요소 중에 절대우위의 장점이 있다면 최고일 것이다. 그런데 항상 그러라는 법은 없다. 어쩌면 나는 이를 학창 시절에 너무 일찍 깨달았다고 해야 할까? 전교 1등을 하고 전국 단위의 등수를 받았다면 절대우위를 보인다고 할 수 있지만, 나는 그저 적당히 잘하는 수준이었다. 중학교 때는 반에서 상위권이었고, 전교 등수도 웬만큼 유지하였다. 고등학교 때도 나름 열심히 하였지만 내가 원하는 대학교 의예과를 가기에는 조금 모자란 성적을 받았다. 분명 성적이 핵심역량에 속하기는 했지만 원하는 목표를 이루려면 성적이 절대우위에 있어야 했다. 그러나 나는 그러지 못했다. 절대우위에 있었다면 의예과뿐만 아니라 훨씬 더 다양한 선택도 가능했을 것이다.

절대우위와 핵심역량이 비슷한 것 같지만 핵심역량 중 극히 일부만이 절대우위의 요소라 할 수 있다. 때로는 내가 가진 핵심역량 중에서는 절대우위도 없고 절대우위로 키울 만한 요소도 없을 수 있다. 그럴 때는 새롭게 끌어와서 발굴해야 한다. 쉽지 않은 일이다. 그만큼 절대우위적 요소는 드물며, 내가 의예과 진학이라는 꿈을 이루고자 했을 때는 좋든 싫든 성적에서 절대우위를 보이기 위해 피나는 노력을 해야 했다. 물론 그때는 이러한 절대우위를 향한 노력이 인생 전체에 걸쳐서 지속된다는 걸 온전히 깨닫지 못했다.

 ## 경제학으로 보는 비교우위와 절대우위[2]

경제학에서 비교우위와 절대우위를 배운다. 무역을 할 때 세계적 분업을 통하여 최선의 효율적 성과를 내려할 때 비교우위적 판단은 학계에서 고전적 개념으로 자리 잡았다. 고등학생들에게 경제를 어렵게 하는 내용 중 하나가 비교우위 계산법일 것이다. 알 듯하면서 은근히 헷갈리게 하는 비교우위란 개념은 18세기 영국의 경제학자 데이비드 리카도(David Ricardo)가 고안해냈다. 이때 세계 시장의 효율적 분업을 전제로 하여 비교우위와 절대우위라는 개념으로 각 국가가 어떤 품목에 집중하여 생산하고 교역할지를 설명했다. 이때 처음 이 개념을 보는 학생들로서는 조금 난감하게도 선진국과 후진국의 교역 때 반드시 모든 품목이 우위에 있다고 해서 모두 한쪽 나라에서 생산하는 것이 아니라는 점이었다.

예를 들어 영국과 인도의 교역을 생각해보자.

	A	B
영국	6	3
인도	1	2

[표 1-1] 각 국가의 품목별 비용 단위당 성과

[표 1-1]에서 비용 단위(노동만이 생산 비용에 필요한 요소라고 단순하게 가정)를 제외한 다른 요인은 모두 동일하다고 가정하자. 이럴 경우 영국은 A와 B 모두에서 높은 성과를 보인다. 상식적으로 생각할 때 모두 좋은 성과를 보이니 모두 택하면 되겠다고 생각할 수 있다. 물론 국가에서 필수적인 요소로 세계 분업을 해서는 안 되는 기간산업이라면 이러한 방식이 통용되지 않을 수 있다. 그러나 리카도는 자유무역의 관점에서 세계 분업이 경제에 기여하는 점이 효율적으로 좋다는 전제를 하고 이 식을 만들었다. 그리고 대개 현대의 무역에서 이는 유의미하다.

그런 점을 고려할 때 영국이 A와 B에서 모두 절대우위를 지녔더라도 영국에서는 한정된 노동자원을 가장 성과가 높은 품목에 집중하는 것이 좋다. 즉 영국은 인도보다 6배 많은 A를 생산할 수 있고, B는 1.5배만 더 생산할 수 있다. 영국은 A를 생산하는 것이 효율적이라 할 수 있다. 결국 영국에서는 A에 집중하는 것이 좋다. 반면 인도에서는 A에서는 영국이 선택하지 않는 품목인 B를 선택하는 것이 세계 분업 차원에서 합리적이다. 즉 인도는 영국의 A를 수입하고, 영국에서 집중하지 않는 B를 선택하여 집중하는 것이 효율적이다. 절대우위의 관점에서 보면 영국의 산업 모두가 경쟁우위에 있으므로 모두 영국이 생산해야겠지만, 비교우위의 관점으로 보면 영국에서는 A가 선택되고, 인도에선 B가 선택된다. 인도의 B가 영국의 B에 대해 비교우위에 있는 셈이다.

물론 기업에서는 무역의 관점으로 절대우위와 비교우위를 생각하기에 앞서 시장에서 자신들이 살아남을 최선을 고려할 것이다. 이건 국가에서도 마찬가지인데, 이상적으로 식량을 동남아에서 수입하는 것이 비교우위적으로 나을 수 있다고 가정하더라도, 식량은 식량대로, 군수산업은 군수산업대로, 첨단산업은 첨단산업대로 중요하므로, 세계적 분업 차원의 성과보다는 자기 집단의 생존에 도움이 되는 방식으로 비교우위와 절대우위를 파악할 것이다. 핵심역량이란 그와 같은 맥락에서 나온 것이겠다. 즉 아무리 비교우위를 고려하더라도 무역과 달리 기업의 핵심 사업을 선정할 때는 상대보다 절대우위가 낮은 사업을 선정하기 어렵다. 즉 절대우위가 기본적으로 높은 상태에서 비교우위를 고려하기 마련이다. 다음의 표를 보자.

품목	A	B	C	D
A전자	90	60	85	99
평균	70	10	80	95

[표 1-2] 시장 평균 대비 기업의 품목별 비용 단위당 성과(100점 만점)

[표 1-2]처럼 A전자의 핵심역량으로 네 가지 품목이 있고 A전자를 시장의 선두주자로 가정한다면, 기본적으로 이들은 핵심역량에 대해 절대우위를 지닌다고 보아야 할 것이다. 시장에서 밀리지만 비교우위의 관점에서 품목이 선정되는 경우는 수세적일 텐데, 경쟁

에서 너무 뒤처지는 경우가 아니라면 상대가 분업의 차원에서 미루는 것을 비교우위의 관점에서 선정하려고 하지는 않을 것이다.

결국 이 책에서는 개인이나 기업의 관점에서 절대우위와 비교우위를 결합하여 경쟁우위를 고려할 것이고, 그중에서도 압도적으로 절대우위가 높아져 100점에 가까워지는 '초절대우위'를 온전한 절대우위로 고려할 것이다. 또한 후발주자와 격차가 큰 경우를 절대우위로 고려할 것이다. 즉 '압도적 절대우위'를 절대우위라는 개념으로 다루려 한다.

절대우위란 무엇인가?

핵심역량이 비교우위에 방점이 찍힌다면 이 책에서 말하는 절대우위는 경제학에서 말하는 절대우위 중에서도 '초절대우위' 또는 '압도적 절대우위'에 방점이 찍힌다고 할 수 있다. 그 분야의 잠재력을 극한으로 끌어올렸을 때를 100으로 가정한다면, 절대우위에 목표를 둘 경우 이 100의 경지에 오르기 위해 최선을 다할 것이다. 상대에 비해 단순히 생산성이 높다는 게 아니라 완전한 생산성을 100으로 가정하고 이것에 근접하는 상황, 즉 초절대적 생산성이라 할 수 있다. 기술로 보면 더는 발전할 수 없을 만큼 완벽한 수준이라 평할 만한 초절대우위, 저가 공략으로 보면 더는 낮출 수 없을 만큼 낮추어 이를 앞설 경쟁자가 없을 정도의 초절대우위를 뜻한다. 그러다 보면 자연스럽게 압도적인 절대우위를 드러낼 뿐만 아니라, 2위나 후발주자군과 큰 격차를 보이게 된다.

베이브 루스를 통하여 이 책에서 언급할 절대우위를 좀 더 쉽게 설명해 보자. 야구 역사상 가장 뛰어난 홈런왕은 베이브 루스(Babe Ruth)라고 할 수 있다. 그러나 그가 가장 위대한 투수 중의 한 사람이었다는 것을 기억하는 사람은 거의 없다. 1918년 이후 베이브 루스는 투수 대신 타자로 포지션을 바꾸었기 때문이다. 신인으로 보스턴 레드삭스에서 활약할 때 그는 투수로서 절대우위를 가지고 있었다. 유명한 역사학자인 제프리 워드(Geoffrey C. Ward)는 다음과 같이 말한 바 있다.

"보스턴 레드삭스가 한창 잘나갈 때 베이브 루스는 그 팀의 가장 훌륭한 선수였고 아메리칸리그의 가장 뛰어난 왼손 투수로서 여섯 시즌에 걸쳐 무려 89승을 거두었다. 1916년 그는 처음으로 월드시리즈에서도 던질 기회를 가졌는데 여기서 1회에 1점을 내주었으나 바로 자신이 홈을 밟아 동점을 만들었다. 이후 11이닝 동안 상대팀인 브루클린 다저스의 타선을 무실점으로 방어했다. 2년 뒤인 1918년 월드시리즈에서도 베이브 루스는 상대팀인 브루클린 다저스를 맞이하여 29와 2/3이닝 동안 무실점으로 방어했고, 이 기록은 무려 43년 동안 깨지지 않았다."

이처럼 베이브 루스는 투수로서도 절대우위를 가지고 있었지만, 다른 동료들과 역량의 차이를 고려했을 때 타자로서의 능력이 더 뛰어났다. 양키즈는 1920년 베이브 루스를 영입한 후에 외야수로만 기용하였다. 가장 압도적인 절대우위에 집중했던 것이다. 다른 타자들은 기업의 경쟁 논리처럼 자신이 강하다고 평가받는 타격을 수행하며 베이브 루스와 선의의 경쟁을 벌였다. 무역의 분업을 고려하여 비교우위를 택했다면 타자 이외의 일을 택했을 텐데, 그러지 않았다. 투수들 역시 기업의 경쟁 논리를 따라 자신들이 가장 잘할 수 있는 투수 일에 집중했다. 모두가 무역의 비교우위보다는 기업의 경쟁 논리대로 가장 자신 있는 절대우위를 최고로 끌어올리기 위해 최선을 다했다. 언제든 베이브 루스는 친구이자 경쟁자인 동료들에게 따라잡힐 수 있었지만 결과적으로 그러지 않았다.

그해 베이브 루스는 54개의 홈런과 더불어 타격횟수 대비 진루수인 장타기록을 수립했는데 이 기록은 오늘날도 깨지지 않고 있으며, 양키즈를 미국 역사상 가장 유명한 팀으로 만들었다.

베이브 루스의 사례와 달리 압도적으로 큰 격차를 보이지 않는다면 아무래도 "절대우위에 있다"라고 표현하기 어려울 것이다. 그리고 대개는 기술적으로 상향평준화가 된 채 가격을 낮추는 '제 살 깎기' 경쟁을 해야 하는 시장 포화 상태일 가능성이 높다. 이럴 때 혁신적 기업을 통하여 전체 판을 흔들어 판도를 재구성하는 경우가 생긴다. 휴대폰 시장이 성숙기에 다다랐을 때 스마트폰으로 시장을 재편한 애플의 경우가 대표적인 혁신적 퍼스트무버였다. 이렇게 재조정된 시장에서는 절대우위의 위력이 제대로 드러나곤 했다. 모든 퍼스트무버가 절대우위를 점했다고 하기는 어렵지만, 전설적인 절대우위의 주인공 중에는 퍼스트무버가 많다.

이들이 보여준 절대우위는 주로 3가지 특성을 보여준다. 이 조건을 모두 만족하는 경우는 매우 드물겠지만, 뚜렷하든 뚜렷하지 않든 이러한 세 가지 특징을 보여준다고 하겠다.

첫째, 절대우위를 점하는 요소의 기술적 완성도가 100%에 가깝거나, 성과의 규모 면에서 압도적이다. 장인의 경지만으로도 절대우위를 말할 수 있지만 기업에서는 성과도 중요하므로 성과 면에서 압도적이라면 독보적이라 할 만하다.

둘째, 해당 분야의 순위 1~2등 정도로 최상위권에 해당하는 경우가 많다. 또 가급적 1등이어야 절대우위의 요건의 하나를 충족한다.

셋째, 후발주자와 압도적인 격차를 내야 한다. 권오현 삼성전자 종합기술원 회장의 〈초격차〉에 따르면, "넘볼 수 없는 차이를 만드는 격"이라고 할 수 있다.

앞에서 언급했듯이 완성도가 100%에 이른다고 해도 경쟁자들이 95%쯤 되는 실력을 갖추었다면 압도했다고 하기 어렵다. 따라서 첫 번째와 두 번째 조건만으로는 절대우위를 충분히 만족시킨다고 하기 어렵다. 큰 격차를 낸다는 세 번째 조건까지 만족할 경우 이 책에서 의미하는 절대우위라 할 만하다.

결국 절대우위를 선명히 획득하려면 이 세 요소를 모두 충족하는 것이 좋다. 달리 말해 압도적 절대우위를 점해야 한다. 이러한 절대우위를 획득하려는 과정에 모든 역량을 집중하고 이러한 절대우위를 획득하는 경험을 하는 것은 인생을 살면서 큰 자산이 될 것이다. 핵심역량이 내부 역량에 초점을 맞추고 비교우위에 집중하여 온건한 혁신을 도모한다면, 절대우위를 위한 전략은 급진적 혁신을 도모한다고 할 수 있다.

히든챔피언들은 자신의 역량을 집중하여 절대우위를 점하면서 강소기업으로 우뚝 서곤 했다. 하나만 한다는 것은 매우 부담스럽지만 놀라운 모험의 경험이라 할 수 있다. 때로는 내부 역량을 넘어서는 지점을 끌어들이는 과감한 진보도 있을 것이다. 최고의 경지에 이르려는 명확한 상승 감각으로 자신의 역량을 최대한 끌어올리게 된다. 이것에 몰입할 때 오로지 자신의 절대우위 지점을 완성하려는 정진만이 필요하다. 경쟁 상대를 고려한 차별화 전략도 무의미해진다. 이상적으로 절대우위를 획득하면 경쟁과 생존이 아니라 명예와 지속가능한 성장에 집중할 수 있다. 한 차원 높아진다. 경쟁에 갇히지 않고 경쟁을 지배한다. 세상의 문법을 만드는 창조자인 셈이다.

+One이란 무엇인가?

절대우위를 확보하려고 할 때 사람들은 불안을 느낀다.

'과연 이것만 하면 정말 제대로 될까?'라는 의심이 들 때가 없다면 거짓말일 것이다. 다각화의 욕구도 사실은 실패를 줄이고자 하는 염려에서 비롯되었다. 그런데 모든 걸 접어두고 절대우위를 점하려고 하니 강심장이 아니고서야 실패했을 경우를 떠올릴 수밖에 없다. 그래서 기업들은 다각화전략을 선호했었다. 미국의 포춘(Fortune) 500대 기업들도 단일사업기업 비중은 점점 줄이는 사업전략을 구사한다. 그만큼 위험요소를 제거하는 쪽을 택한 것이다.

하지만 불행히도 다각화 전략은 호황일 때만 적절한 것으로 보인다. 다각화는 자금이 충분할 때, 호황이라 일부의 성공을 충분히 예상할 수 있을 때 승산이 있다. 만일 불황이라면 적은 자본으로 어설프게 투자했다가 필패를 초래한 뒤, 오히려 더 위험한 결과를 초래할 수 있다. 경제가 성장하는 시기에는 사업영역의 다각화로 멀티플 증가효과를 얻을 수 있지만, 저성장기 경쟁이 치열한 환경에선 경쟁력이 떨어진 아이템이나 사업으로 주력 업종에까지 악영향을 준다.

실제로 80년대에 진행되던 기업의 사업다각화 전략은 극심한 장기불황 때 취약했었던 것으로 판명 났다. 그 뒤로는 절대우위를 확보하는 방향으로 전략을 선회하였는데, 대표적으로 GE의 잭 웰치 회장이 1등주의를 내세우며 1등과 2등인 사업을 제외하고는 주변 사업군에서 모두 철수한 것을 떠올릴 수 있다.

그런데 이럴 경우에도 오로지 하나만 놓아둔 경우는 거의 없다. 히든챔피언으로 장인정신을 지니고 독보적인 기술을 확보하려는 스위스의 시계업체라면 모를까, 대개 2~3개쯤의 사업군으로 역량을 집중시켰다. 즉 절대우위를 중심으로 하되 보험처럼 하나의 경쟁우위를 더 갖추어야 한다고 보았다. 실제로 많은 사람들과 기업들은 하나의 절대우위에 목을 매지 않는다. 그만큼 절대우위에 이르는 길은 험난하기 때문이다. 또한 반대로 움직여 다각화를 할 경우 적당한 수준에서 만족하거나 거대한 부실 조직으로 전락하곤 하였다. 특히 자금이 부족한 회사라면 어쩔 수 없이 생존을 위하여 반드시 선택과 집중을 해야 하는데, 그렇다고 하나로만 집중하는 것은 역시 부담스러운 선택이었다.

더구나 현실적으로 시장 상황에서 하나만 요구하는 경우도 드물었다. 그런 점 때문에 다각화가 안전하다는 의견도 있지만, 안전하다는 착각 속에 빠져 있는 것일 수도 있다.

그보다는 절대우위와 다각화 사이 '절대우위+One'은 어떨까? 2~3개쯤으로 사업군을 좁히고 그 연관성을 극대화하여 유기적으로 선택된 사업군에 집중하는 것이면 뜻밖의 시장 급변에 따른 파국을 막을 수 있다. 물론 이것만으로도 시장 변화에 온전히 대처하기란 부족할 수 있을 텐데, 그렇다고 해도 다각화를 통해 스스로 체질을 악화시키는 것보다 최선의 구성이라고 평가할 수 있다.

사실 성공적인 개인과 기업들이 주로 이와 같은 방법을 본능적으로 활용하고 있다. 정말로 온전히 절대우위만을 구성하기보다는 그건 상징적일 뿐, 실제로는 보험을 들 듯, +One에 대해 자기만의 감각을 지니고 있다. 구글이 반드시 70:20:10으로 사업군을 나누어 투자한다든가, 애플이 차세대 사업군을 선정하고 지금의 스마트폰과 아이팟 사업 이후를 준비하는 것 역시 그러한 움직임 중 하나일 것이다. 개인적으론 이런 세계적 기업이 아니라면 2~3개로 압축하여 더 집중화해야 한다고 보지만, 맥락으로 보면 다각화와 절대우위 전략의 사이 어딘가에 있는 전략을 취한다는 것을 충분히 알 수 있다. 이에 대해서는 책의 후반부에 더 거론하려고 한다.

 +One의 유형

+One은 어찌 보면 온전한 안전장치로도 볼 수 있지만, 이것과 절대우위의 요소가 결합함으로써 생존 경쟁에서 더 유리한 위치를 차지하게 해준다는 면에서 볼 때, 적극적인 경쟁우위 발굴 작업이며 창의적인 성장 전략의 필수 요소라 할 수 있다. 상황적합이론에 따르면 어떠한 상황에서든 공통으로 적용되는 최선의 한 가지 방법이란 존재하지 않으며, 상황에 따라 최선의 선택이 다르기 마련이다. 따라서 다각화를 선호하는 이들처럼 신중한 면모로 +One을

다루면서도 동시에 절대우위를 선호하는 이들의 저돌적인 퍼스트 무버 정신으로 +One을 절대우위와 결합하면 더 파격적인 행보도 가능해진다.

그 어느 쪽이든 자신이 의도한 결과를 내려면 +One의 유형을 먼저 살펴봐야 할 것이다. 그래야 어떤 유형이 절대우위와 결합하여 어떤 효과를 낼지 예상할 수 있기 때문이다.

이 글에서는 +One에 대한 대표적 유형을 세 가지로 들까 한다.

첫째, +One으로는 보완재의 효과를 기대해볼 수 있다. 예를 들어 대학생 때 전공 공부로 절대우위를 하고자 전공서에 몰입한다고 하자. 그럴 때 영어를 +One으로 공부한다면 외국 논문을 폭넓게 읽을 수 있게 된다. 만일 논문을 더 많이 읽는다면 그 덕분에 영어 실력도 늘어서 토플 시험에서 고득점을 받을 가능성도 높아질 것이다. 영어를 +One으로 개발하여 전공 공부를 보완한 덕분에 좋은 영향 관계를 수립한 셈이다. 이런 사례들은 많다. HP에서는 프린터 시장을 주도하면서 잉크를 +One으로 덧붙여서 매출 발생 가능성을 배가한 것도 절대우위 선정 사업군에 대한 보완재 성격의 +One을 추가한 사례다.

둘째, +One으로 대체재의 효과를 기대해볼 수 있다. 이럴 경우는 삼계탕과 추어탕의 관계를 떠올릴 수 있다. 삼계탕 매출이 늘 때는 추어탕 매출이 줄지만 반대로 삼계탕 매출이 줄면 추어탕 매출이 늘어난다. 잉크젯 프린터와 레이저 프린터도 대체재 관계다.

만일 절대우위용 개발 사업 전망이 불투명할 가능성이 있다면, 만일의 사태를 대비하여 대체재 성격을 띠는 +One을 확보해놓는 것이 좋다. 다만 대체재 성격의 +One이라면 서로가 매출 발생 가능성을 배가하지는 않기 때문에 +One의 선정 때 지나치게 비용을 투입하는 경우는 배제해야 한다.

대체재의 경우는 절대우위 시장의 급변으로 생기는 리스크를 줄이는 데에 유익하다. 또한 대체재로 절대우위용 주력 사업과 겹치지 않으면서 유사할 때 관련 시장에서 선도적 이미지를 구축하는 데에도 도움을 준다. 예를 들어 진로는 기존의 소주 시장에서 56%의 시장점유율을 확보하고 있었다. 참이슬로 소주 강자의 이미지를 탄탄히 구축하고 있었는데, 하이트와 합병할 경우 기존 맥주 시장의 60%를 차지할 수 있었다. 하이트진로 합병 건과 관련하여 여러 논란이 있었다.

만일 소주와 맥주를 보완재로 본다면 독점에 해당하는 불공정한 합병이기 때문이다. 그런데 대체재로 본다면 그 정도의 시장 질서를 교란하는 결합으로 볼 수 없었다. 소주 시장과 맥주 시장을 별개의 시장으로 보기 때문이다. 결론적으로 소주와 맥주 시장은 보완재가 아니라 대체재로 볼 수 있다는 공정거래위원회의 판결이 나왔다. 그렇게 해서 하이트진로라는 주류 기업이 탄생했는데, 기업의 입장에서 보면 서로에게 대체재인 진로와 하이트라는 대표상품 덕분에 주류업의 선도기업 이미지를 확실히 구축할 수 있었다. 보완재와 달리 매출 발생 가능성을 극적으로 높이지는 않지만, 급변하는 시장 상황과 상관없이 안정적인 사업군을 유지한다는 점에서 장점이 있다.

셋째, +One으로는 시너지 효과를 기대해볼 수 있다. 시너지 효과의 경우엔 두 사업 간의 거리가 보완재보다 멀다. 언뜻 연결되지 않을 수도 있으나 뜻하지 않은 긍정적 상승효과가 생길 때 시너지 관계에 있다고 말할 수 있다. 이럴 때 산술식처럼 '1+1=2'로 정확히 떨어진다기보다는 '1+1=3'이 될 수도 있고 '1+1=0'이 될 수도 있는데, 시너지 효과의 경우 '1+1=3'으로 결과값이 상승하는 긍정적 사례다. 물론 분산을 지나치게 많이 할 경우엔 링겔만 효과처럼 부작용도 생긴다. 링겔만 효과는 자신이 일원 중 하나일 때는 전력을 쏟지 않는 현상이다. 모두가 힘을 합하여 시너지가 나면 좋겠지만 실제로는 별 노력을 안 해도 티가 안 나면 그만큼 타성에 젖은 집단이나 참여자(무임승차자)가 나오면서 시너지는커녕 기본적인 예상값도 안 나오고 마는 것이다.

이를테면 '1+1=0'이 되는 것으로 서로가 부정적 상호작용을 하는 경우다. 그래서 무분별한 다각화보다는 절대우위처럼 하나로 집중하는 편이 좋다. +One을 선택하여 절대우위와 결합하는 경우는 그나마 단순한 편이라 부작용을 어느 정도 예상할 수 있지만, 그럼에도 그 연관성의 부작용을 철저히 검토하여 선정한다면 링겔만 효과를 사전에 차단할 수 있다. 이러한 선정 과정이 성공했다면 절대우위와 +One이 결합하였을 때 시너지 효과를 내는 경우도 생긴다.

예를 들어 중공업체가 생산 인프라를 구축할 때 이렇게 이미 구축된 플랫폼으로 활용하여 군수업과 관련된 지식을 적용하는 경우를 들 수 있다. 이때 중공업 생산 라인에서 뜻하지 않은 부가적 효과가 발생한다. 또한 전혀 상관이 없을 것 같은 사업에 투자하고 있던 과정에 이것이 절대우위 선정 사업과 연결되어 시너지 효과를 낸다는 걸 파악하고 독보적 우위+One으로 결합한 경우도 생각해볼 수 있다. 예를 들어 통신 분야에서 구축한 망이 통신사업에만 적용될 줄 알았는데, 그들이 차세대로 연구하던 AI 사업과 연결되면서 사물인터넷 신사업의 퍼스트무버로 등장할 수도 있는 것이다. 이때 통신망과 AI 기술은 시너지 효과를 발생시킨 셈이다.

이처럼 +One에는 세 가지 유형이 있다. 만일 이 유형에 대해 정확히 파악하고 있다면 어떤 유형을 절대우위 선정 사업과 결합할지 알 수 있고 그 효과에 대해서도 적절히 예상할 수 있을 것이다.

 기본값이란 무엇인가?

기본값이란 이미 투자할 필요 없이 내면화된 절대우위나 +One일 수도 있고, 승리의 경험 등 자체적으로 긍정적인 영향을 지속적으로 주는 요인이다. 대개는 승리의 경험 등 긍정적인 자료이지만 드물게 꼭 필요한 시련 등이 시행착오를 줄여주는 노하우가 축적된다는 점에서 과거의 부정적 결과가 기본값으로 등록될 수도 있다. 이 모든 것은 개인이든 기업이든 그들이 생존을 도모하고 성장하는 데에 밑바탕의 골격을 이루며 긍정적인 역할을 해준다.

이것이 원래 절대우위를 획득하려던 요소였을 수도 있고, +One 이었다가 이제는 기본값으로 안착한 경우일 수도 있다. 그리고 지금은 투자할 필요 없이 유지되는 요소라 하겠다. 예를 들어 어렸을 적에 기초체력 운동을 워낙 많이 해서 공부를 하면서 밤을 새우는 것쯤은 어려운 일이 아니라 단기적으로 과제를 작성할 때 경쟁우위에 있다면, 강한 체력은 기본값이라 할 수 있다. 과거에 이것은 지속적으로 투자해야 할 절대우위 선정 역량이라 할 수 있지만, 만일 이것이 확보된 뒤로는 거의 투자할 필요 없는 것이라 가정한다면, 기본값이라 할 수 있다. 어떤 학생이 그동안 전공 공부를 많이 했고 이를 통해 뛰어난 전공 실력을 절대우위 선정 역량으로 삼고 지속적으로 노력하고 있다고 하자. 이것을 객관적으로 검증할 수 있는 게 과제 성적일 것이다. 또한 그가 그 과제를 위해 영문으로 된 논문을 적절히 활용했다면, 그동안 노력한 +One으로 영어 실력을 쌓으려 했던 게 효과를 드러낸 것이라 하겠다.

결국 그가 절대우위를 점하고자 하는 것은 '전공 실력'이고, 이를 위한 +One으로 보완재이자 시너지(영어는 다른 분야에서도 쓸모 있다)의 성격을 지닌 '영어'를 통하여 '절대우위+One' 전략을 실천하고 있는 셈이다. 이때 '강한 체력'은 그동안 투자하여 얻은 뒤로는 더 투자할 필요 없거나 거의 투자하지 않아도 되는 기본값에 해당한다.

물론 '강한 체력'은 지속적인 관리 없이는 유지할 수 없으므로 기본값이 될 수 없다는 반론도 가능하다. 틀린 말은 아니다. 그래서 이 글에서는 '유지 기간'을 기준으로 기본값에 대해 세 가지 유형으로 나누었다.

첫째, 반영구적이어서 진정한 의미의 기본값이 있다. 더는 투자할 필요 없거나 거의 투자비용이 들지 않은 채로 특별한 충격 없이는 반영구적으로 유지 가능한 기본값이다. 이는 주로 특별한 성공의 경험이 대표적이다. 모험을 통하여 큰 성공을 이루었다면, 그 사람은 모험에 대해 자신감을 지닐 수 있는데 그 근거가 자신의 성공 사례이기 때문에 그런 사람에게 성공의 자신감은 큰 자산이라 할 수 있다. 이는 더는 투자할 비용도 없고 엄청난 실패로 그 성공이 아예 폐기될 만큼 무의미해지지 않는 한, 그의 영원한 자부심으로 남을 만하다. 이때 얻은 노하우는 '절대우위+One' 전략을 실행할 때 좋은 밑거름이 되어준다. 이런 경우로는 열정과 같은 자질이라든지 성실성의 덕목도 포함될 수 있다.

둘째, 비교적 생명력이 긴 기본값을 예상할 수 있다. 하지만 반영구적이지는 않아서 진정한 기본값으로 보기는 어렵다. 그럼에도 단기적으로는 안정적인 기본값의 역할을 해준다. 이미 투자가 끝난

채로 관성적으로 여전히 수익이 나는 사업이 있다면, 투자비용이 들지 않거나 최소 비용밖에 들지 않는다는 점에서 두 번째 유형에 해당한다. 다만 기업에서는 실제로 이러한 경우가 거의 없을 것으로 본다. 개인의 열정이나 성실성, 성공의 추억만큼은 아니더라도, 역사 지식, 수학 실력, 영어 회화 능력 등등 한번 익히고 나면 쉽게 잊히지 않는 역량을 고려해볼 수 있다. 분명 오래 시일이 흐르면 실력이 녹슬어서 다시 점검해야 하는 등 투자비용이 다시 발생하지만, 일정 궤도에 오른 뒤로는 거의 기본값으로 생각해도 무방한 경우가 있다.

셋째, 단시일 내에 기본값의 성격을 잃기에 사실상 기본값으로 생각하지 않는 편이 좋은 경우도 있다. 예를 들어 지속적으로 많은 자본 투자를 해온 사업이지만 사양산업이 되어 철수하려고 할 때, 그것으로 인해 성공한 기억은 반영구적이겠지만, 그 사업 자체는 기본값으로 오래 유지하기 어렵다. 그럴 경우 보통 구조조정 대상이 된다. 다만 인재의 경우 어차피 투자해야 할 비용을 감수하고 쉽사리 확보하지 못할 고급 지식과 경험을 생산해준다면, 언제든 유동적인 이동을 할 개인들임에도 단기적으로 회사의 기본값으로 볼 수도 있다.

이 세 가지 성격을 고려할 때, 투자비용이 들지 않고 생명력이 길수록 기본값으로 가치가 높다. 의미 있는 시행착오를 겪었거나 꾸준한 성공스토리를 축적했다면 그 삶의 역사만큼 기본값은 풍요로울 것이다. 내면화된 지식이자 투자 없는 경쟁우위의 요소로서, 기본값은 그 사람이나 기업의 저력이다. 동시에 이것은 혁신의 장벽이 되기도 한다. 어떻게 하면 성공한다는 것을 알고 실패한다는 것도 안다면, 변화된 외부 요인을 충분히 감지하지 못한 채 변화에 발맞춘 혁신에 대해 거부감을 보일 수 있다. 기존의 기본값으로 볼 때는 비현실적으로 보이는 대처 같기 때문이다. 그런 면에서 기본값은 '절대우위+One' 전략에 예상치 못한 걸림돌이 되기도 한다.

관성적으로 기본값에 안주하고, 기본값을 외부 요인까지 연계하여 고려하는 과정을 게을리할 때 자신이 지닌 장점이 단점으로 변질되는 것이다. 그래서 '절대우위+One' 전략으로 혁신을 꾀할 때는 반드시 핵심역량 중에서도 유지비용이 들지 않는 기본값을 점검하여 올바로 활용하려고 노력해야 한다.

 ## '절대우위+One'이란 무엇인가?

지금까지 설명한 것을 바탕으로 볼 때 '절대우위+One'이란 기업의 생존을 지속가능하게 하고, 성장을 극대화하는 데에 꼭 필요한 2개의 핵심역량을 뜻한다. 이때 압도적 절대우위를 통하여 현격한 차이의 경쟁우위를 보일 때까지 핵심역량을 극대화하여 성장시키려는 것이 목표다. 그렇기에 유력한 하나의 핵심역량을 절대우위 선정 역량으로 삼아 모든 역량을 그 요소에 집중해야 한다. 때로는 기존의 핵심역량 안에서 절대우위로 나아가는 데에 한계가 있다면 미래를 책임질 새로운 역량을 발굴 및 유입하기 위해 총력을 기울여야 한다.

그러한 절대우위를 점해야 할 역량이 선정되고 나면 개인이나 기업의 방향성이 명확해진다. 그리고 그 방향성 안에서 개인이나 기업의 다른 핵심역량 중에 +One을 절대우위용 역량과 결합할 수 있다.

만일 절대우위가 너무도 압도적이라면 이것을 통하여 결정적 승부를 걸 수 있고, +One으로 시장 상황에 따라 탄력적 대응이 가능해진다. 그런데 사실 많은 기업이 이러한 절대우위에 부담을 느낀다. 실제로 절대우위를 점할 만큼 압도적 경지에 이르는 것이 어렵기 때문이다. 마치 두 가지 구종을 구사하는 투수가 현실적으로는 다양한 구종을 연마하여 타자를 교란하는 게 더 현명해보이듯이, 기업도 다각화의 유혹에 빠진다. 하지만 사실 다각화를 통하여 의미 있는 경쟁력을 얻으려는 게 더 비현실적일 수 있다. 모든 부분에서 간신히 합격하는 수준이라면 언제든 모든 부분에서 도태되고 만다는 의미이기도 하다. 만일 투피치 투수가 자신의 필살기인 슬라이더를 타자가 알고도 못 치는 수준으로 연마해낸다면, +One에 해당하는 직구 역시 더 강한 효과를 보이게 된다. 또 직구의 교란을 통해 슬라이더라는 필살기가 더욱더 넘볼 수 없는 차이의 격을 만들어낼 수 있다. 집중화든 다각화든 모두 쉽사리 성취하기 어려운 전략이라면 집중화를 통하여 절대우위의 근사치까지 도달하고, +One으로 그 효과를 극대화하는 방식이 현실적이다. 또 그 모든 성과가 최고의 결과로 이어진다면 그 결합의 시너지는 더욱 커질 것이다.

따라서 이러한 방향으로 나아가기 위해 '절대우위+One'의 선정 및 개발 관리 등을 체계적으로 할 전략을 수립해야 한다.

'절대우위+One' 전략이란 무엇인가?

'절대우위+One' 전략은 '절대우위+One' 선정을 통하여 향후의 역량 개발 초점과 발전 방향성을 명확히 설정하고, 그 구체적인 실천 방안을 수립하여, 생존 및 성장 경쟁력을 갖추려는 체계적 방법이다. 하나만을 선정하는 선택과 집중 방식이나 다각화 전략의 장점을 취하되 약점을 배제하려는 접근법이다. 또한 여러 핵심역량 중 소수만을 선정하고 우선순위와 관계성을 분명히 하여 결과의 효용을 극대화하려는 목적을 지닌다.

즉 개인이든 기업이든 방향성이 분명해진다. 절대우위를 획득해야 할 요소를 선정한 후, 집중적으로 그 역량을 극대화하여 초절대우위를 달성한다. 그것은 현격한 차이의 비교우위를 지닌 독보적 경쟁력을 확보하려는 혁신적 방향성을 지닐 수 있다. 동시에 여러 리스크를 고려하지만 너무 많은 것을 고려하는 바람에 역량을 분산시키는 패착을 막으면서, +One으로 절대우위에 몰입할 때 발생하는 리스크를 어느 정도 상쇄하고, 오히려 결과의 효용을 극대화할 수 있다. 이때 기본값을 명확히 하여 분석 인지한다면, '절대우위+One'의 선정에 긍정적인 작용을 할 수 있을 것이다.

　개인과 기업의 모든 핵심역량이 '절대우위+One'을 지원하는 방향으로 나아가게 한다는 점에서, '절대우위+One' 전략은 하나에만 집중하는 전략만큼이나 혁신적 방향성을 유지할 수 있다. 동시에 +One으로 혁신적 방향의 파괴력을 극대화하거나, 혁신의 리스크를 감소시키며 안정성을 도모할 수 있다는 점에서 실리적인 방법론이다.

'절대우위+One' 전략의 필요성

 지금은 붉은 여왕이 지배하는 경쟁의 시대

현대 자본주의 사회는 경쟁을 통해 활발히 작동한다. 인류 역사상 이토록 풍요로운 시대는 없었지만 그만큼 열심히 일해야 하는 시대이기도 하다. 〈거울나라의 앨리스〉를 보면 '붉은 여왕 가설' 혹은 '레드 퀸 효과'라고 불리는 경영학적 용어의 유래가 된 일화가 있다. 이를 보면 우리가 사는 세상의 속성이 잘 드러난다. '붉은 여왕 가설' 혹은 '레드 퀸 효과'는 진화하지 않으면 도태된다는 가설로, 소설에서는 "여기서는 힘껏 달려야 제자리야. 나무를 벗어나려면 지금보다 두 배는 더 빨리 달려야 해"라는 붉은 여왕의 말로 대변된다. 이는 앨리스가 숨을 헐떡이며 나무를 벗어나려 뛰지만 아무리 해도 벗어나지 못했을 때 했던 질문에 대한 답변이다.[3)]

이는 처음에 진화생물학의 적자생존을 설명하는 일화로 활용되었다. 미국의 진화생물학자 밴 베일런에 따르면, 즉 90%에서 99%까지 현 지구상의 멸종 생명체는 다른 생명체에 비해 더디게 진화했기 때문이었다. 생존을 위해서는 자기 자신을 넘어 경쟁자보다 혁신적이어야 함을 뜻한다. 경영학적으로 전환되기 좋은 내용이었고, 스탠퍼드 대학의 윌리엄 바넷(William P. Barnett)이 1996년 발표한 논문에서 붉은 여왕 가설을 세계 처음 경영이론으로 발전시켰다.[4] "쉼 없이 경쟁 기업의 움직임을 살피고 더 분발하지 않으면 언제든 도태할 수 있다"라는 주장은 경쟁의 험준함을 보여준다. 동시에 혁신의 중요성을 강조한다. 이렇게 모두가 노력하다 보니, 경쟁자들의 평균만큼 노력하면 겨우 현상 유지만이 가능해진다.

심지어 필름 카메라 시장의 최강자였던 코닥처럼 절대우위를 지녔음에도 자신들이 개발한 디지털 카메라의 가능성을 애써 외면하고, 기존에 군림하던 필름 카메라 시장에서의 지위를 유지하려다가 쇠퇴하고 끝내 도산한 경우는 수없이 본다. 피처폰 시장에서 1위였던 노키아의 급격한 쇠퇴 역시 이런 맥락에서 이해할 수 있다.[5] 언젠가 특목고 출신이었던 후배가 했던 말도 떠오른다. "그냥 열심히 노력하면 등수가 그대로 나오는데, 토할 것 같이 열심히 하면 겨우 약간 올랐다. 잠깐만 방심해도 바로 등수가 떨어졌다"는 고백에서도 경쟁의 치열함을 느낄 수 있었다. 이미 우리는 학창 시절부터 이러한 경쟁의 원리를 체득하고 있다.

혹자는 이러한 과열된 경쟁을 비판하고 자본주의 시스템의 문제점을 지적하기도 하지만, 사실 이것을 바꾼다는 것은 쉽지 않다. 그보다는 혁신을 통하여 그 경쟁에서 이기는 쪽이 훨씬 현명하다고 여기기 마련이다. 더구나 장인 정신으로 무장하고 누구도 넘보지 못할 경지에 이르러 보는 모험은 분명 짜릿한 일이다. 저자는 이를 위해 조금 더 효율적이고 명확한 방향성을 갖고 있는 전략이 중요하다고 생각한다. 또한 생존 및 성장을 위해 집중화든, 다각화든, '절대우위 +One'전략이든, 무엇이든 간에 계획을 짜고 실행에 옮겨야 한다.

혹자는 이러한 노력 자체가 결국은 자본주의를 더 안 좋은 방향으로 이끈다고 지적하기도 한다. 그러나 실행하지 않는 방법도 있지만 제대로 하기엔 시기상조라서 그런 결과를 낳은 것일 수 있다. 적어도 이 시대를 능동적으로 살아가는 개인이나 기업가라면 더 혁신적인 꿈을 꿀 수 있어야 한다. 혁신 탓에 문제가 생기는 게 아니라, 제대로 혁신하는 경지에 이르지 못했기 때문에 문제가 생기는 것이다. 그 과정을 겪고 근본적 치유를 위해서 여전히 자본주의적 혁신이 필요한 것은 아닐까?

 펠츠만 효과의 실험

바로 이 지점에서 공상가적인 혁신을 꿈꾸는 기업가들이 탄생한다. 세상의 물결 속에서 생존을 위해 혁신을 하는 수준을 훌쩍 넘은 것이다. 그런 이들은 언제나 있기 마련이다. 포드는 모든 국민들이 자동차를 타게 하려는 비전을 제시하였고, 많은 진통이 있었지만 그러한 꿈은 현실이 되었다. 또 전기자동차의 선두주자인 테슬라는 친환경적인 차를 통하여 자동차의 환경오염을 근본적으로 해결할 꿈을 꾼다. 어쩌면 혁신 서사의 과정에 있기 때문에 여러 위기적 장벽을 맞닥뜨려야 하는 것 아닐까?

펠츠만 효과라는 것이 있다. 1976년 시카고 대학 경제학자인 샘 펠츠만(Sam Peltzman)이 정립한 용어로, 도로 교통안전을 위해 에어백, 안전벨트 등 각종 안전장치를 도입하고 오히려 역설적으로 더 위험해졌다는 주장에 관한 것이었다. 사고당 사망률은 낮아졌지만 안전장치가 있는 차를 함부로 운전하여 사고 수가 크게 증가한 것이다. 결과적으로 전체 사고 수와 사망자 수는 증가하였다.[6] 그런데 이 역시 과정에 놓인 문제점일 수 있는 것이다. 그 문제 때문에 개발을 하지 말아야 한다는 것은 너무 수세적이다. 오히려 안전을 위하여 더 나은 해결책은 없을지 더 노력하여 혁신의 정진을 멈추지 말아야 한다. 그러면 혹시 아는가. 그 혁신 서사의 결말에는 모두를 만족시킬 진정한 혁신의 열매가 있을지. 예를 들어 AI를 통하여 완전한 자율주행이 가능해진다면 안전에 관한 딜레마도 해결될 것이다.

적어도 세상을 바꾸려는 능동적 개인이나 기업가는 어떤 방식으로든 세상의 기존 질서를 의심하고 뒤틀어보는 시도를 해보아야 한다. 그러다 보면 당장의 생존에 급급한 1차원적인 혁신을 넘어 더 혁신다운 혁신, 진짜 위대한 혁신이 가능해질 것이다. 그것이 바로 세상을 바꾸기 위한 혁신일 것이다. 그것을 통하여 세상을 바꾸거나 주변의 관례를 새롭게 하는 것이야말로 이 혁신 서사의 해피엔딩일 것이다.

그러면 지금의 비판을 많이 잠재우리라 믿는다. 비판하는 사람이 비판으로 이 시대를 점검한다면, 학자는 이론으로 자신의 꿈을 진정한 혁신에 가깝도록 지속적으로 연구할 것이요, 기업가라면, 자본주의적인 방식으로 혁신의 꿈을 지속해야 한다. 어쩌면 공상가적인 선의의 기업가가 AI의 올바른 활용을 통하여 많은 사람들을 노동에서 해방시키고 모두가 자기계발에 몰두할 수 있는 시대를 열어젖힐지 모를 일이다. 스티브 잡스가 소비자에게 문자메시지를 무료로 제공하기 시작했을 때 세계 굴지의 휴대폰 제조업체들은 어처구니없어했지만, 지금 그것은 상식이 되어버렸다. 혁신 서사의 과정에서 그러한 혁신이 인간의 삶을 완전하게 했다고 말할 순 없지만 언젠가 더 놀라운 혁신의 등장을 통하여 인간의 삶을 본질적으로 더 나아지게 할 것으로 믿는다. 더 나은 세상으로 변화시키고자 하는 꿈이 있는 기업가나 개인은 이러한 위대한 혁신의 꿈을 마음속에 품어야 한다.

우리는 그 과정에 놓여 있다는 것도 분명히 인지해야 한다. 능동적 개인이자 혁신의 기업가라면 이상적인 동시에 현실적이어야 한다. 현실의 경쟁을 거치지 않은 미래의 이상이란 존재할 수 없기 때문이다.

방금 거시적이고 궁극적인 방향성에 대해 역설했지만, 솔직히 내 삶은 그처럼 거대하고 본질적인 혁신을 꿈꾸지는 못했다. 어쩌면 그보다는 생존과 성장을 위한 현실적인 혁신, 경쟁을 위한 혁신을 꿈꾸는 사람이었다는 걸 고백한다. 사실 위대한 혁신을 꿈꾸고 실현하는 사람은 극소수일 것이다. 그 방향을 알지만 함부로 앞장설 수 없을 만큼 예측하기 어려운 돈키호테의 길임을 알기에 많은 이들이 아마 나처럼 실용적 혁신을 도모할 것이다.

　학력고사 시대에는 아예 선택과 집중을 할 지점을 국영수로 정해주고 일률적으로 성적 줄 세우기를 했으니 편하기는 했다. 다만 그 선택과 집중의 지점이 하나였으니 '예체능에 집중해도 된다'든지 하는 다른 기회를 부여받지 못했다는 한계점이 있다. 또한 좀 더 큰 관점에서 보면 결국 모든 과목을 골고루 잘해야 했다는 것은 다각화 전략일 뿐만 아니라, 다각화의 유형도 하나로만 정해져 있다는 점에서 본의 아니게 부정적인 집중화와 다각화를 동시에 경험했다고 할 수 있다. 그만큼 입시제도가 획일화되어 있었다.

	국어	수학	영어	역사
재경	90	75	85	99
평균	70	40	80	95

[표 1-3] 학년 평균 대비 과목별 노력 단위당 점수(100점 만점)

예를 들어 [표 1-3]과 같은 점수 상황이었고 이 과목들 중 마음대로 골라서 노력을 기울일 수 있었다면 조금은 편했을 것이다. 그랬다면 앞으로 오를 여지가 많고 평균 대비 최고의 격차를 보이던 '수학'에 집중했을 것이다. 다른 학생들에게 추월당할 가능성이 적고, 오를 수 있는 여지도 충분하기 때문이다. 심지어 중요 과목이라 그 가중치도 높을 테니 여러 모로 수학을 선택하는 게 현명하다. 물론 현실적으로는 모든 과목을 챙기면서 특히 배점이 높은 국영수를 잘해야 했으므로, 수학 점수를 무조건 올리기 위해서 미리 더 많은 노력을 투입하여야 했다. 다각화 전략을 유지하면서도 필수 주력 사업으로 수학 점수를 올리기 위해 노력을 기울여야 하는 형세였다.

이처럼 과목에 관해서는 다각화하듯 모두 잘해야 했지만, 대학을 가는 방법, 모두가 원하는 대학은 획일화되어 있었다. 나 역시 크게 다르진 않았다. 그리고 종로학원에서 1년 동안 재수를 하면서, 1지망으로 썼던 의예과는 떨어지고 2지망이었던 물리학과에 붙으면서, 모든 게 어긋나기 시작했다. 전혀 관심도 없었지만 2지망란을 비워둘 수 없어 그 빈칸에 물리학과를 적어 넣었을 뿐인데, 그것이 훗날 장점이 될지는 미처 몰랐다. 나의 천직이 된 반도체 분야에서 일하게 된 일등 공신이 아니었던가.

마치 에르빈 슈뢰딩거(Erwin Schrodinger)의 고양이 역설이라고 해야 할까. 슈뢰딩거가 양자역학을 마음에 들어 하지 않아 그것을 비판하기로 작심하고 세웠던 가상실험이었다. 그런데 뜻하지 않게 그것이 양자역학의 역설을 너무도 잘 설명해준 덕분에 지금은 마치 슈뢰딩거가 양자역학을 옹호한 것처럼 착각할 만큼, 이 가상실험은 양자역학을 상징하는 예시로 남았다. 그가 원하든 원하지 않았든 슈뢰딩거는 양자역학이라는 현대물리학 이론과 그 이름의 운명을 같이한 것이다.

내게 물리학과란 슈뢰딩거의 역설과 같은 운명이었다. 여전히 낯설었던 물리학과에 대해 당시에는 아쉬움을 느끼고 있었다. 물리학과에 다니고 싶지 않아 결국 휴학을 했고 상심한 마음으로 일단 군대부터 가기로 했다. 1학년 한 학기만 마치는 둥 마는 둥 도피하듯 군대로 갔고, 군대를 다녀왔음에도 방황은 온전히 끝나지 않았다. 그 시절에 대한 보상심리가 있었다고 해야 할까.

"인간은 누구나 여러 원인으로 열등감을 느끼고 있으며 이를 보상하려고 노력하는 보상심리가 우월성을 추구하는 삶의 핵심에너지다."

오스트리아의 정신의학자인 알프레트 아들러(Alfred Adler)의 말처럼 그때는 의예과를 가지 못한 것이 내게 결핍의 요인이 되었고, 더 나은 나를 만들고자 단련하는 원동력이 되었다. 그때는 그랬다. 지금 돌이켜보면 다행이라고 해야 할까.

어쨌든 당시 집안에서 "이제 더 준비하지 말자"라고 강력히 권고했기 때문에 잠시 삼수를 고심하다 물리학과에 만족하기로 했었다.

물리학과에 적응하지 못해 한동안 F학점을 계속 맞았지만, 만일 그게 싫어 삼수를 했다면 시간은 정지된 채 있었을 것이다. 더 긴 시간을 고독한 입시경쟁에 매달려야 했을 것이다. 그때까지 마음 고생한 것만으로도 마음이 탈탈 털린 듯했다.

공허한 무기력증이 잠시나마 나를 지배했던 시절이었다.

기본값도 없던 젊은 시절, 절대우위는 생각조차 못하고

좀 편하게 살면서 모두를 압도할 수 있으면 더없이 좋겠지만 현실은 그렇지 않다. 심지어 학창 시절의 시작은 그리 맑은 느낌은 아니었다. 물리학과에서 마음에도 없는 공부를 하다 보니 답답하기만 하고, 교수님의 강의는 귀에 들리지 않았다. 어려운 이론들은 무미건조해 보이기만 했다.

그나마 불행 중 다행이었을까 1학년 2학기로 복학한 뒤, 2학년이 된 동기들과 미래에 대해 많은 이야기를 나누었다. 그 덕분에 행정고시를 준비하면서 의도치 않게 이과적 논리성과 문과적 감수성을 통섭하는 훈련을 한 셈이다. 이과적 머리와 문과적 가슴이라는 것은 지금 보면 너무도 자연스러운 조합이지만, 당시에는 공대생은 기계 만지는 사람이고 그런 사람이 대기업에 가서 돈도 잘 번다는 쪽이 많아서 굳이 새로운 바다를 향해 모험의 항해를 할 필요는 없었다. 차라리 공대 쪽으로 진로를 살피는 것이 나았지만, 의예과 빼놓고 솔직히 이공계열에는 별 관심이 없었다. 더구나 물리학은 기업에서 선호하는 전공도 아니어서, 이왕 이렇게 된 김에 행정고시 쪽으로 관심을 둔 것이다. 결과는 지속적 낙방이었다. 한 두 문제 차이로 아슬아슬하게 떨어진 것도 아니어서 고민할 필요도 없었고, 아주 깔끔하게 가능성 하나를 직접 겪어보고 미련 없이 접었다.

당시 아버지에게 실패만 거듭하는 장남의 모습은 어떻게 비쳤을까? 생각해보면 정말이지 아쉽게도, 아버지가 57세라는 비교적 젊은 나이에 돌아가셨을 때까지는 늘 미덥지 않은 아들이었다. 만일 아버지가 조금만 더 사셨더라면, 가족의 짐을 나누어 짊어질 사회인으로 성장하기 시작한 내 모습을 약간만이라도 보셨을 텐데, 늘 그런 생각을 하면 짠한 마음이 든다. 언제나 가정법은 부질없다는 것을 알지만, 그러한 상상을 할 때면 아버지를 그리워하는 그 시간만큼이나 내가 책임져야 할 가족들을 다시 한 번 소중하게 짚어보는 계기가 된다는 점에서 그리움과 아쉬움으로 함께하는 아버지께 늘 감사한 마음을 지니고 있다.

세월이 그렇게 흘러 어느덧 아버지 나이가 훌쩍 되다 보니 이제는 문득 그즈음 아버지가 어떤 생각을 하셨을지 무심코 짚어볼 때가 있다. 지금 살아계셨더라면 정말 효도 한번 멋지게 해드릴 텐데 하는 아쉬운 마음도 든다.

아직 절대우위를 경험하지 못한 채 정확히 어디를 목표지점으로 삼아야 할지 모르던 시절이었다. 가고자 했던 곳은 문턱에도 못 가고 실패하기를 반복했다. 실패만이 기본값으로 쌓이고 있었다. 그러한 실패의 기억이 진정한 기본값이 될 순 없었고 실패의 경험으로 위축되기도 했었다.

그래도 젊은 시절의 실패였기 때문에 관대할 수 있다. 그 과정이 없었다면 진정으로 나에게 만족하고 나를 분명하게 인정할 기회를 놓쳤을지 모른다. 젊은 시절에는 실패의 기본값마저 훗날의 잠재력을 전환시킬 시간적 여유가 있었다. 어쨌든 앞으로 밀려가는 시간과 치열하게 고민하며 시행착오를 겪던 기억만큼 훗날 내 기본값으로 전환될 삶의 질료가 쌓였다. "Sweet after Bitter"라는 말처럼 언젠가 부정적인 순간마저 긍정적인 에너지로 바뀔 때를 기다려야 했다. 시간은 정직했다. 노력을 통해 쌓이는 경험 역시 정직했다.

 ## 내게 절대우위란 그저 즐기면서 할 수 있는 일

물리학도로서 나는 두각을 나타내는 학생은 아니었다. 일단 졸업할 자격을 갖추고 대단하지는 않더라도 건실하게 내 삶을 꾸려가며, 동생들과 어머니 삶에 보탬이 되고 싶었다. 거대한 비전이 아니라, 나 자신을 책임지고 내가 소중히 여기는 사람을 지키는 것도 유의미한 삶으로 생각했다.

그렇게 나는 사회로 진출하기 위해 일반적인 취업 준비를 했다. 절대우위에 관해 생각하기보다는 그저 일정한 수준 이상이 되는 경쟁 우위를 갖추는 것을 염두에 두었다. 취업에 필요한 학점 관리, 영어 성적, 전공과목 시험 준비, 그리고 회사에서 선호하는 자질을 갖추는 것을 목표로 삼았다. 그것이 나중에 핵심역량으로 남을 수 있고, 그 중에서도 특별한 투자가 필요 없이 내면화되고 고착된 기본값의 역 할을 할 수도 있었다. 예를 들어 영어를 일정한 수준으로 끌어올리고 나면 학점과 달리 회사 생활을 하면서 두고두고 요긴할 수 있었다.

남들만큼 열심히 한 덕분에 나는 삼성그룹에 입사할 수 있었다. 삼성 시절엔 아직 무엇을 해야 할지 명확히 모르는 그저 사회 초년 병이었다. 여전히 실패의 여운이 남아 있었지만 삼성이라는 곳에 입사한 것으로 이미 치유는 시작되었다. 무언가 이룬 것 없는 대학 생이 아니라, 이제는 국내 굴지의 기업에서 어엿한 직장인으로 사 회에 첫발을 내디딘 덕분이었다. 정말 오랜만에 맛보는 성취감이었 다. 그렇게 입사해서 삼성전기에 배치를 받았고 수원사업장 생산라 인 근무와 외자구매 입무를 담당하면서 사회생활을 시작했다. 졸업 전 미리 취직하여 안정적인 출발을 한 셈이다. 서울 올림픽이 열리 던 그해 1988년 초의 일이다.

무난했다. 모든 게 무난했다. 그렇게 은퇴할 때까지 거기 있으면 될 일이었다. 그러면 무난하게 내 삶을 꾸리면서 평범하게 살았을 까? 아마도 그러지는 못했을 것이다. 외부 환경은 늘 급변했고 삼성의 직장 문화가 생존을 위해 직원을 정체되게 놓아두지 않았을 것이기 때문이다. 그것을 수동적으로 받아들이느냐 역동적으로 스스로 찾고 선취하느냐 하는 차이만 있을 뿐이었다.

그런데 냉정히 말하면 당시의 나는 그 환경 속에서 답답함을 느꼈다. 그렇게 수동적으로 떠밀리고 있었으면서도 그것이 무엇 때문인지 명료하게 알지는 못했다. 사실 삼성전기에 있을 때는 나 자신이 즐기거나 충분히 자기계발을 할 여건이 마련되어 있지는 않았다. 능동적이라기보다는 내가 해야 할 일을 묵묵히 해야 했다. 외자구매의 일을 하면서 주요 공급처이던 도시바, 미쓰비시, 히다치, 텍사스인스트루먼트(TI), 듀퐁 등 여러 외국계 기업의 영업 담당자 및 기술진들을 만나면서 그들의 직무 환경을 전해 듣는 것이 유일한 낙이라면 낙이었다. 토요일 업무는 의무적이라서 하는 느낌이었다. 그러다 보니 즐겁기보다는 수동적으로 일을 처리하곤 했다. 어떻게든 주말 여가 시간을 늘리려고 오후 4시까지 일을 마치려고 했다. 그래야 서울 올라가서 저녁 시간을 누릴 수 있었기 때문이다. 일 자체가 내게 진실로 즐겁지는 않았다. 평범한 직장인이었고 직장에서 어떤 식으로 자아실현을 하겠다는 생각 자체가 부족했다.

당시엔 경쟁에서 살아남는 걸 진지하게 생각할 만한 나이는 아니어서 그랬을까? 그저 하루하루 내가 맡은 일을 문제없이 수행하고, 그것과 별개로 내 개인의 삶을 충만하게 가꾸길 바랐다.

아직 천직을 만나지 못했던 것이다.

'절대우위+One' 전략은 왜 필요한가?

인생을 살면서 실패를 하더라도 방향성이 있는 실패, 충분히 숙고한 일에 대한 실패의 경우엔 유의미한 흔적이 남는다. 전략이 튼실하면 실패에도 추후 효율적 성공의 과정이 될 수 있고, 방향성 있는 의미가 부여된다. 그런 면에서 전략은 내실 있는 골격, 방향성 실린 틀이다.

물론 젊은이들이 자신의 발전을 위해 무엇을 할지 모르는 상태에서 의미 있는 전략을 세우기란 쉽지 않다. 그럴 경우 일단 많이 실패해보는 것도 미래를 위한 자산이 될 수 있다. 그러니 "많이 실패해보라"는 덕담이 가능하다.

다만 만일 전략을 세울 수 있을 만큼 충분히 자신의 핵심역량을 인지하고 있다면, 방향성 없는 불필요한 시행착오를 줄일 수 있다. 실패하지 않을 수 있는데 실패할 필요는 없다. 즉 젊은이라면 방향성을 명확하게 하는 것만으로도 전략을 세운 의미가 있다. 실패하더라도 아직 되돌릴 시간이 많기 때문이고, 그럴 경우 실패는 긍정적인 밑거름이 될 수 있다.

기업의 경우는 다르다. 가급적 실패를 줄이는 편이 좋다. 단순히 방향성을 선명히 하려는 정도를 넘어 정확한 방향에서 실패를 덜하기 위하여 전략을 세우기 마련이다. 우리나라에서 벤처가 위험한 이유는 실패했을 때 사회적으로 엄청난 타격을 받기 때문이라고 한다. 미국에서는 그들이 모험에 실패할 경우 다시 사회인으로 복귀할 다양한 안전장치가 있지만, 한국에서는 그야말로 생존 그 자체다. 모험을 쉽게 할 수 없는 구조다. 그러다 보니 자본의 한계와 환경의 한계를 고려할 때 실패의 숫자를 최소로 하고 어쩔 수 없는 실패의 경우에도 최선을 다해 유의미한 경험치를 뽑아내야 한다.

즉 과정의 측면으로 볼 때 개인의 입장에서 '절대우위+One' 전략은 삶의 방향성을 명확히 한다는 점에서 절실히 필요하다. 그냥 그날 있는 일을 처리하며 사는 수동적 존재가 아니라 나 자신을 위하여 나의 인생을 가꾸는 능동적 존재로 사는 데에 전략의 수립은 유익하다. 인생의 비전으로 방향이 생기면 살고자 하는 의미를 얻을 수 있다.

그리고 기업의 입장에서 '절대우위+One' 전략은 명확한 목표인 절대우위의 달성을 위해 추진력이 생긴다는 점에서, 그리고 기업의 비전에 따른 실천을 체계적으로 해준다는 장점이 있다. 그러면서 여러 리스크까지 고려한 전략이라는 점에서 집중화와 다각화의 장점을 적용한 것이라는 장점도 있다. 거대한 조직체의 구성원을 합리적으로 설득할 만한 전략이다.

결과의 측면으로 볼 때 개인의 입장에서 '절대우위+One' 전략은 인생의 후반까지도 고려하는 전략이며, 최고의 자리에 있기란 매우 어려우므로 이직까지 고려할 때 항상 +One을 고려함으로써 삶의 안정감을 획득할 수 있다.

경쟁에서 생존해야 한다는 일차적인 이유는 어쩌면 가장 절실한 이유이기도 하다. 이것은 기업에서라면 더욱 절실할 것이다. 일단 살아남아야 다음을 도모할 수 있고, 그러는 가운데 진정으로 절대우위를 점하는 사례가 나올 수 있다. 더 나아가 이러한 절대우위를 점하고 +One으로 절대우위의 효과를 극대화하거나, +One을 통하여 안전까지 도모하려는 것은 결국 개인적 차원에서는 자기실현을 통한 행복을 위한 것이다. 동시에 가족의 행복을 바라는 것이기도 하다. 사회인으로 살면서 엄청난 업적을 쌓지 않더라도 적어도 나 자신에게 솔직하게 행복하고 내 주변 사람들에게 조금이나마 유의미한 헌신을 했다면 그보다 더 기쁜 일이 또 어디 있을까.

기업도 마찬가지다. 일단 생존을 위한 전략이었지만, 성장의 전략이기도 하다. 치열한 경쟁의 시대에 일등의 의미는 단순한 숫자 이상의 의미를 지닌다. 실적 면에서도 일등은 매우 중요하다. 넘버원의 법칙을 보면, 1등은 성과 면에서 2등에 비하여 현격한 차이를 지니게 된다. 경제학에서 '승수효과'라고 하는데 두 배 이상의 효과가 있었을 때 실제로는 4배 이상의 성과를 얻는다. 이는 그 차이가 클수록 기하급수적으로 차이가 나는 성과로 드러난다. 그렇기에 1등을 하기 위해서 효율적이고 실리적인 방법을 찾아야 하는데, '절대우위+One'은 그러한 전략이라 할 수 있다. 또한 진정한 사회의 일원으로 생존을 넘어 의미 있는 공존을 하기 위해, 기업은 절대우위로 사회에 기여할 만한 장점을 갖추면 좋을 것이다.

일단 살아남기 위해서라도 '절대우위+One'이란 전략은 실리적이지만 이를 통하여 유의미한 사회적 재능 기부가 가능해진다는 점에서도 기술적인 무형 자산을 확보하려는 데에 초점을 맞춘 이 전략은 필요하다.

'절대우위+One'의 선정 기준 및 시기

 절대우위의 선정 기준

절대우위 선정 때는 기업의 역량 내에 갇혀서만은 안 된다. 최초의 경우라 절대우위로 선정할 내용을 외부에서 끌어올 수 없는 상황이고, 내부의 핵심역량도 하나밖에 없다면 어쩔 수 없지만, 그 뒤로 기업이 안정 국면에 진입했다면 절대우위를 고려할 때 기업의 역량 너머까지 고려하는 편이 좋다. 절대우위는 가장 중요한 생존 무기이기 때문에, 이것의 경쟁력 절대경지에 도달하기 위해 최선의 노력을 다해야 한다. 즉 창업 등 기업의 기반이 확실치 않은 초기 단계에서는 '잘하는 것'에 역량을 몰입해야 하지만, 기업의 수준이 안정화되고 투자할 여력이 있을 때, 혹은 생존을 위해 새로운 도약을 하려면 '반드시 잘해야 하는 것'을 발굴할 수도 있다. 이와 같이 전혀 새로운 기업으로 탈바꿈을 할 수도 있는 것이다.

우리가 잘하는 것이라도 그게 절대우위를 점할 수 없거나 시장에서 경쟁 가능성이 낮다면 그냥 폐기하고 다른 것을 택하는 게 옳다. 때로는 잘하는 것이 아니라 개척해야 할 수도 있다. 자신들이 잘하는 것에서 꼭 찾아야 하는 것은 아니다. 그게 핵심역량이나 기존 절대우위로부터 연결성을 지닐 수도 있고, 전환되어서 전혀 연결고리가 없을 수도 있다. 연결고리가 없는 모험일 때는 불확실성이 크다는 문제가 있다.

이처럼 +One을 선정하는 것과 비교해 절대우위 선정 때는 적극적으로 찾아내야 한다는 특징이 보인다. 다만 내부에 절대우위로 육성할 만한 역량이 있다면 위험도를 고려할 때 굳이 멀리서 역량을 발굴할 필요는 없다.

그래서 우선, 내부적으로 경쟁할 만한 요소를 살펴야 할 것이다. 내부의 핵심역량이 있다면 그 지점에서 출발하는 것이 효율적이다. 이처럼 내부 역량이 충분하다면 그 후보군을 선정하고, 그것을 외부적으로 고려하여 경쟁을 위해 꼭 갖추면 좋은 요소가 무엇인지 살펴야 한다. 이때 마케팅 3C 전략을 참고하여 '절대우위+One' 선정 기준에 응용한다면 절대우위로 개발할 역량을 발굴하는 데에 유익하다.

즉 절대우위를 선정하면 "현재 우리가 잘할 수 있는 것은 무엇인가?"라는 질문을 스스로 해야 한다. 3C 전략으로 보면 Company에 해당한다. 이를 통해 내부에 절대우위로 키울 만한 역량이 있다면 최적화할 방안을 모색해야 한다. 반대로 내부에 마땅한 역량을 확보하고 있지 않다면 외부에서 끌어들이든, 자체 개발을 하든 모험을 해야 할 수도 있다. 절대우위를 확보하려는 것이므로 적정한 절대우위 후보 역량을 선정하기 위해 온 힘을 다해야 한다.

둘째, 이를 통해 몇몇의 후보군으로 압축되었을 경우 "고부가가치인가?"를 스스로에게 질문해야 한다. 수요를 파악하고 소비자 변동 움직임을 통하여 수요 잠재력도 파악해야 한다. 시장 및 고객의 잠재력을 점검하는 것이다. 이는 3C 전략으로 보면 Customer에 해당한다.

셋째, 투자 대비 성과가 가장 큰 것이 무엇인지 파악해야 한다. 경제학에서 생산성은 '부가가치/생산비용'이므로 낮은 생산비용이 투입되었음에도 큰 이윤이 남을수록 생산성이 높다고 할 수 있다. 이런 역량일수록 집중했을 때 폭발적인 성장을 기대할 수 있다. 자연스럽게 이러한 생산성이 높은 영역이라면 경쟁자의 현 상황을 알수록 좋다. 만일 비교우위 면에서 현격한 차이를 보인다면 절대우위로 나아가는데 한결 수월하다. 이는 3C 전략으로 보면 Competitor를 연계하여 검토해야 하는 것이다.

여기서 한 가지 특기할 것이 있다. 절대우위 선정 때 내부 핵심역량 파악을 우선적으로 한다고 했지만, 그럼에도 절대우위를 선정할 때 고부가가치와 생산성을 간과해서는 안 된다. 그저 모든 고부가가치와 생산성을 고려하긴 어려우므로, 현실적으로 자신의 핵심역량이 무엇인지 파악하는 것에서부터 시작할 뿐이다. 일반적으로 보아도 자신이 잘하는 것에서부터 그 역량을 강화하는 것이 옳다.

+One의 선정 기준

+One은 무조건 절대우위와 영향 관계에 놓이므로 그것을 보완, 대체, 시너지 효과를 내거나 절대우위를 우선 선정하는 것이 중요하다. 즉 +One의 첫 번째 조건은 절대우위를 선정한 뒤에 선정이 가능하다는 것이다.

그런 다음에라야 절대우위 이외의 핵심역량이 무엇이 있는지 파악해보는 단계를 거친다. 꼭 핵심역량이 아니었더라도 내부적으로 갖추어진 인프라를 통하여 절대우위를 거드는 역량을 추가해주는 것이다.

이때 '최적화 전략' 혹은 '플랫폼 전략'에 따라 +One의 후보를 검토해야 한다. 기존의 역량 중 바로 +One으로 선정할 만한 것은 있는지, 혹은 기존의 인프라를 재활용하여 +One 효과가 발생하면 얼마나 비용을 절감할 수 있는지 총체적으로 검토해야 할 것이다. 이러한 산출 값을 근거로 +One의 후보군을 추려낸다.

마지막으로 그러한 후보군 중에서 고부가가치 역량이 무엇인지 파악한다. 다만 그 역량이 절대우위와 어떤 관계를 맺는지 잘 파악해야 할 것이다. 해당 역량이나 시장에서 요구하는 경향이 보완재 결합, 대체재 결합, 시너지 결합 중 어느 것을 가리키는지 분석하는 과정이 필요하다.

예를 들어 프린터 사업이었다면 잉크는 당연히 취급할 것이란 인상을 주므로 잉크 사업을 보완재로 추진하는 것이 합리적이다. 또 맥주 시장에서 선두를 달리는 상황에서 안정적으로 1등 주류회사의 이미지를 얻기 위해 소주 사업을 인수하는 것은 시장의 확대이자 안정성 확보라는 점에서 합리적인 대체재 결합이라 할 수 있다.[7] 시너지 결합의 경우에도 플랫폼 전략을 활용하여 비용을 최적화하는 것이 좋다. 시너지의 경우에는 조금 무관해 보이는 분야끼리 결합하여 예상보다 좋은 결과를 보이는 결합이다. 이때 보완재나 대체재보다는 연관성이 멀어 보이기 때문에 모험으로 비칠 수도 있다. 하지만 차세대 역량 발굴이라는 과제까지 고려한다면 시너지를 위한 노력도 중요할 수 있다. 시장에서 반드시 시너지 결합을 요구한다고 보기는 어렵지만, 시너지 결합은 대개 차세대를 고려한 전략으로 병행될 수 있다.

보통 보완재와 대체재의 경우엔 예상하기 쉬운 검증된 역량들로 구성되는 경우가 많다. 역량끼리 자연스럽게 맞물려서 보완하든 대체하든 하는 관계를 형성하기 때문에 비교적 오랫동안 검증된 역량이나 상품군이라 할 수 있다. 그런데 시너지는 반드시 그렇지 않다. 예상하기 어려운 결합으로 미처 예상하지 못한 성공을 이끌어내는 것인데, 그래서 더더욱 모험을 위하여 비용 등의 부문에서 플랫폼 전략을 구사하여 최적화해야 한다. 또한 절대우위만으로도 모험의 위험도는 높을 수 있기에, 반드시 핵심역량 내에 확보된 역량이라고 할 때에만 시너지 결합을 검토해볼 수 있을 것이다. 만일 그것이 차세대로 연결되는 것이라면 여러모로 일석이조의 효과를 낸다.

이처럼 +One의 경우엔 절대우위 선정 때와는 달리, 절대우위 선정 후순위이면서 플랫폼 전략을 통한 내부역량 최적화를 중심에 놓아야 한다. 그런 뒤에야 외부 요인을 고려하여 +One 후보군 중 고부가가치로 평가되면서, 절대우위와 궁합이 잘 맞는 역량을 선정해야 한다. 이때 가장 적절한 결합 형태에 대한 선택도 병행된다. 가급적 차세대적 성격까지 고려하는 것이 좋지만, 항상 그럴 수 있는 건 아니다.

 '절대우위+One'의 선정 시기

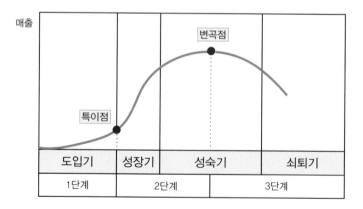

[그림 1-2] +One의 선정 시기

절대우위를 선정할 때는 반드시 +One보다 먼저 선정해야 한다. 그래야 절대우위를 고려하여 결합할 적정한 역량을 선정할 수 있기 때문이다. 절대우위 선정 시기에 관하여 설명하려면 일단 PLC(Product Life Cycle) 주기를 참고할 필요가 있다.[8] 제품뿐만 아니라 모든 것이 도입, 성장, 성숙, 쇠퇴의 주기를 갖고 있기 때문이다.

[그림 1-2]처럼 레이몽 버논(Raymond Vernon)의 제품수명주기이론을 기초로 해서 도입기를 1단계로, 특이점에서 변곡점까지를 2단계, 변곡점 이후를 3단계로 응용해보고자 한다.

1단계에서는 핵심역량을 검토한다. 이것이 있다면 그 후보군을 형성한다. 혹시 내부적으로 핵심역량 중 절대우위로 강화할 역량이 부족하거나 없다면, 외부에서 적극적으로 끌어오는 방안을 검토한다. 그리고 이렇게 선정된 소수의 절대우위 후보군을 검토한다. 그런데 만일 신생 회사라 절대우위 후보군 자체가 형성되지 않고 오직 하나만을 해야 하는 상황이라면 어쩔 수 없이 초기인 1단계부터 절대우위를 점하기 위해 역량의 100%를 쏟아 부어야 한다. 그렇다고 반드시 성공하는 것은 아니다. 아직 기반이 충분하지 않기 때문에 1단계도 다 지나지 못한 채 급격히 성장기 성숙기 쇠퇴기의 현상이 지나버릴 수도 있다. 그렇게 되면 아마도 신생 회사의 존립 자체가 어려워질 수도 있겠다. 운이 좋고 열정의 대가로 집중 육성했던 절대우위용 역량이 1단계를 안정적으로 지난다면 그다음을 생각해볼 수 있다.

그때 특정 역량에 관해 '특이점'을 지나는 순간이 온다. 이를 1단계와 2단계 사이라고 본다. 급격하게 하나의 절대우위 후보가 두각을 나타내어, 이를 절대우위로 선정하는 시점이다. 이러한 특이점 때 +One을 선정한다. 투자 비율(비용의 분산 비율)은 보통 70:30쯤으로 한다.

2단계에서는 절대우위를 집중적으로 강화하는 과정이다. +One의 경우 이 시기를 예열 기간으로 볼 수 있다. '변곡점'에 이르렀을 때 절대우위를 거드는 역할을 하기 위한 사전 준비 단계이다.

변곡점에서는 사실 쇠퇴해야 하는 것이 정상이다. 일반적으로 많은 요소가 쇠퇴를 겪지 않는 경우는 없다. 반영구적이면 좋겠지만 어떠한 경우에도 세상의 순리는 반영구적인 것을 쉽사리 허용하지 않는다. 그러므로 변곡점이 온다는 것은 당연한 수순이고 대개 이때부터 하향곡선으로 바뀐다. 다만 이러한 변곡점에서 하향 단계가 오는 것을 뒤로 늦출 수는 있다. 그때가 되어 두 번째 변곡점, 세 번째 변곡점이 왔을 때에야 비로소 쇠퇴하도록 시간을 늦출 수 있으면 좋을 것이다.

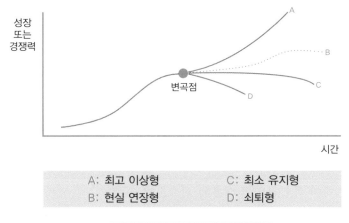

A: 최고 이상형   C: 최소 유지형
B: 현실 연장형   D: 쇠퇴형

[그림 1-3] +One의 중요성과 역할

[그림 1-3]처럼 절대우위의 경쟁력 유지 또는 지속적 성장 역할을 해주는 것이 대개 +One이다. 외부요인으로도 그것이 가능하겠지만 그것은 기업이나 개인이 통제할 수 없기에 +One을 준비하여 보완이나 시너지의 효과로 절대우위의 수명을 조금 더 연장할 수 있다. 이때 +One의 효과가 극대화된다면 그림의 A처럼 가파른 상승곡선의 형태로 변곡점이 오히려 더 나은 결과를 맞을 것이며, 보통은 정체하는 수평선과 상승곡선 사이에서 궤적을 그리다가 제2의 변곡점 때, 혹은 제3의 변곡점 때 하향하며 쇠퇴할 것으로 예상해본다.

+One 덕분에 절대우위의 연장이 가능해진다. 디즈니의 경우 미키 마우스 캐릭터 저작권이 만료되는 시기를 연장하기 위해 지식경

영의 관점에서 유사한 캐릭터로 저작권 등록을 했다. 그 덕분에 기존의 미키 마우스도 인용할 수 없게 만들었다.[9] 그들로선 +One으로 지식재산권 연장 전략을 활용하였고, 그것을 통하여 절대우위를 점한 캐릭터 자산의 저작권 만료 시기를 늦출 수 있었다.

즉 3단계는 특이점 때부터 잘 준비된 +One이 변곡점의 시점부터 효과를 발휘하는 결과라 할 수 있다. 만일 변곡점에서 +One이 힘을 발휘하지 못한다면 절대우위의 요소는 기존대로 하향곡선을 그릴 수밖에 없다. 그럴 때라면 재빠르게 차세대로 주기를 교체하는 결정이 필요하다.

만일 +One 전략이 잘 적용되어 성공적이라면, 변곡점 이후부터는 +One이 절대우위만큼이나 중요해진다. 심지어 절대우위보다는 +One을 중심으로 투자 비율(비용의 분산 비율)을 재구성해야 한다. 극단적인 경우라면 절대우위에 대한 투자는 더 필요해지지 않고 +One에 70%를 배당해야 한다. 그리고 나머지 30%는 주기 교체의 주역이 될 차세대 절대우위를 위한 후보군 선정에 배당해야 한다.

 ## 절대우위로 계발하고 싶은 장점의 발견

삼성에서는 일을 즐기지 못했다. 무언가를 주도적으로 하고 있다는 생각도 하지 못했다. 해야 할 과제가 많았지만 그 역시 재미나 성취감과는 큰 상관이 없어 보였다. 아직 그런 때였다. 아직은 절대우위도 생각하지 않을 때였으니 +One은 상상조차 못 했다. 자기계발을 할 시간적 여유가 없었다. 늘 업무에 휩쓸리듯 했고, 업무를 배우는 것도 벅찼다.

그래도 외자구매 업무를 담당하다 보니, 외국계 회사와 인연이 닿았다. 내가 만나던 업체 사람들은 주로 미국, 유럽, 일본에 본사를 둔 글로벌 기업에서 일하는 분들이었다. 그들 중 몇몇 곳에서 이직 제안이 들어왔는데, 그중 텍사스인스트루먼트(TI)가 눈에 띄었다. 그것이 내 인생 최대의 행운이었다고 해야 할 것이다. 반도체를 취급하는 TI는 내 인생을 바꾸었다고 해야겠다. 삼성동 코엑스 빌딩에 있던 TI Korea의 직원 수는 많지 않았지만 반도체 분야에서 당시 전 세계 3위권 정도의 다국적기업이었다. 물리학을 전공한 잭 킬비(Jack Kilby)가 TI 근무시절 1958년 집적회로(IC)를 개발하여 반도체의 효시가 된 회사로 유명하다. 그때의 공로를 인정받은 잭 킬비는 훗날 2000년에 노벨 물리학상을 받았다. 이런 유서 깊은 글로벌 기업에서 일할 수 있게 된 것은 기쁜 일이었다. 특히 기술 영업을 뛰게 된 나로서는 참으로 배울 게 많았다. 그렇다. 기술적 지식이 필요했다는 점에서 물리학 전공은 큰 도움을 주었다. 스물여덟 살에 첫 이직을 한 것이었으니 삼성전기에 있은 지 2년이 약간 지난 때였다.

TI의 분위기는 한국 기업과는 분위기가 달라도 너무 달랐다. 외국계 기업은 뭐가 다를까 싶었으나, 좀 놀랍게도, 너무도 자율적이었다. 사실 자율적인 분위기라면 성과로만 승부를 봐야 하니, 오히려 부담스러웠을 게 정상적이었다. 절대 뭐라고 하지 않다가 문자 메시지로만 해고 통지를 한다는 일화를 어디선가 듣기도 했었다. 그렇다면 압박으로 다가올 수도 있을 텐데, 뜻하지 않게도 너무도 편하고 즐겁기까지 했다. 아무도 내게 뭐라고 하지 않는 자율적인 분위기 속에서 나는 차츰 내 일에 빠져들었다. 무엇이든 내가 직접 주도해야 한다는 것이 언뜻 부담스러울 수 있지만, 내 역량을 키워가는 순간에 나도 모르게 빠져들었다. 외국계 회사의 자율적인 분위기가 내게 그토록 잘 맞는 줄을 그때 처음 알았다.

토요일에는 누가 근무하라고 강요하지 않아도, 나는 건강을 위해 공원에서 달리기를 하고, 오전 11시쯤에 햄버거를 사들고 사무실로 갔다. 그렇게 새벽 1~2시까지 혼자 일을 구상하곤 했다. 한국 시장에 후발주자로 뛰어든 상황에서 TI의 장점을 국내 주요 기업의 파트너들에게 효과적으로 소개할지를 고민했다. 또 월요일 주간회의 준비를 위해 업무 진행 상황에 대한 영어 작문도 해놓아야 했다. 그 당시에는 미리 할 말을 준비해놓지 않고서는 유창하게 영어를 할 수준은 아니었다. 또한 이탈리아계 미국인 상사가 영어를 말하면 혹시나 놓치는 게 없을까 걱정스러운 수준이었다. 그래서 늘 상사의 말을 녹음하던 버릇이 있었는데, 녹음기를 꺼내들고 상사의 말씀을 다시 한 번 점검하곤 했다.

지금 생각해보면 '절대우위+One'의 관점에서 당시 젊은 사원들과 비교했을 때 영어는 유창할 정도는 아니더라도 +One의 보완재 역할쯤은 해줄 수 있을 약간의 경쟁우위 상태였다고 보인다. 그렇기에 TI에서 스카웃 제안이 왔던 것이 아닐까? 물론 영어 실력에서는 그저 큰 문제가 안 되는 정도였을 테니, 그거 아니면 내가 내세울 만한 절대우위의 후보는 뭐였을까? 한때 그걸 고민하기도 했고, 나름대로 답도 내렸다. 그건 단순한 열정을 넘어선 '진심을 다하는 열정'이었다. 당시 TI는 충북 진천에 현지 공장을 설립하고 후발주자로서 국내 시장을 개척하고자 했다. 그러다 보니 회사를 위해 열의를 보이는 한국인 사원이 더욱 더 절실한 상황이었다. 그게 잘 맞아떨어진 것으로 보인다.

그리고 TI에 근무하면서 자연스럽게 그 장점이 드러났다. 처음에는 무형적인 장점에 불과했던 '열정'이라는 요소를 객관적인 장점으로 만들어보려는 계획을 했던 것도 아니다. 그저 처음에는 일이 너무도 재미있었다. 내가 일을 주도한다는 게 너무 만족스러웠다. 힘들어도 힘든 것 같지 않았다. 업무에 찌든 모습이 아니라 업무를 연구하는 모습으로 새벽 1~2시쯤 화물 엘리베이터를 타고 주차장까지 내려와 그 어둑해진 빌딩을 빠져나오는 것은 지금 생각해도 짜릿하다. 차 안에서 라디오를 틀고 음악을 들으며 야경의 서울 거리를 지나갈 때면, 새벽 공기의 시원함이 내게 충분한 보상이 되어

주었다. 그때 즐기는 사람을 이길 수 없다는 걸 알았다. 즐기는 것을 찾으면 거기서 절대우위의 요소도 찾을 가능성이 높아진다고 생각한다.

절대우위로 계발하고 싶은 장점을 실행

국내 시장에 TI의 제품을 확대하기 위해 나는 모든 노력을 다해야 했다. 분명 이걸 일일이 계획하여 판매 경로를 만들기란 쉽지 않았다. 이미 국내 기업에서는 주로 일본 기업들과 끈끈한 협력 관계를 맺고 있었다. 나는 기업의 주요 결정권자를 만나고 다니면서, TI 제품의 우수성을 알렸다. 단순히 머리로 하는 영업이어서는 안 되었다. 가슴을 울리는 진심의 영업이어야 했다. 그것이 나만 그렇게 생각하는 것이어서도 안 되었다. 상대가 감동하는 것에도 어느 정도 객관적인 노력이 필요했다.

예를 들어 그게 상대가 부담스럽지 않게 연락하며 기다리는 모습일 수도 있다. 혹은 상대가 요구하는 자료를 참을성 있게 제공하는 것일 수도 있다. 상대를 한 번 만나보기 위해 허탕 칠 것을 각오하고 방문하는 횟수일 수도 있다. 열정 자체는 무형적이지만 사람들이 "자네는 참 열정이 있어 그려" "선배님의 열정은 정말 대단해요"라고 인식해준다면 충분히 그것으로도 객관적인 자산이라는 생각이 들었다. 실제로 계획을 짜고 매주에 몇 번 정도는 내가 생각하기에 열정적이라는 내용을 실천해보려고 했다. 마치 고등학교 때 매일 영단어 10개씩 외워보는 실천처럼, 그렇게 한 걸음씩 나아갔다. 그러다 보니 TI의 제품을 쓰겠다는 고객들이 나타났고 그 뒤로 시장 점유율 확대, 신규 비즈니스 개발, 국내 진천 공장 생산라인의 추가 투자 및 현지인 채용 증가 등의 성공적인 영업성과를 거둘 수 있었다. 지금까지도 이러한 경험을 내 기본값으로 지니고 있다.

어떻게 하면 사람들의 마음을 끌어낼 수 있는지 아무것도 개척되지 않았던 TI의 경험을 통하여 가늠하게 되었다. 내 인생에서 무엇과도 바꿀 수 없는 의미 있는 승리의 기본값이었다. 그렇게 TI에서 내 장점을 발견하고 훈련과정을 통해 노하우를 터득했다. 또한 터득한 노하우 덕분에 이후 직장생활의 지속적 성공 경험을 할 수 있었다. 그때 당시에는 그렇게 될지 미처 몰랐다.

물론 그 전부터 지금까지 성실히 생활하다 보니 리더십과 소통 능력 등을 기본값으로 얻기는 했다. 또한 '잘하고 싶은 갈망', '승부욕', '인정받고 싶은 욕망', '뒤처질 수 있다는 위기감' 등 다소 부정적인 요소가 TI에 오면서 긍정적 에너지로 전환된 것이다. 의예과 입학에 실패하고, 삼수의 깊은 고민, 전공이었던 물리학과에서 F학점 받으면서 고전하고, 행정고시에 깔끔하게 낙방했던 경험들이 좋을 리는 없다. 대개는 실패의 부정적 기운으로 남아서 나를 위축시키는 역할을 할 게 뻔했다. 그러나 삶을 성실히 살다 보면 고진감래하듯 나쁜 일이 끝나면 좋은 일이 생기기도 한다. 삼성 입사에 성공한 것은 그러한 좋은 예일 것이다.

　어쩌면 그때부터 조금씩 내 나쁜 에너지를 긍정적인 경험으로 바꾸고 있었던 게 아닐까 싶다. 심지어 그것을 기본값으로 하여 내 '진심이 담긴 열정'을 더욱 객관화하기 위한 추동력으로 작용했던 것 같다. 또한 영어를 잘하는 것은 너무도 중요하다는 것을 매일 경험했기에 이번에는 앞서가는 사례로 남기기 위해 영어 공부를 게을리하지 않았다.

　그런가 하면 때로는 기본값이 아닐 수도 있을 만큼 어느 정도 관리가 필요했던 것으로는 핵심역량 중 달리기 습관이 있었다. 그것은 마치 제대한 뒤 일주일만 있는 사라지는 습관, '6시 기상'이라는 습관과 유사했다. 그렇게 살면 뭘 해도 성공할 것이란 습관조차 일주일이 유효기간이다. 고등학교 때 공부하던 습관 역시 한 달 후에 증발되고 만다. 누구나 고3 때처럼 살면 큰 성공을 할 것이라 동의하지만 아무도 그렇게 살지는 못한다. 습관은 꾸준한 투자가 필요하다. 그나마 큰 투자가 필요한 것은 아니어서 건강을 유지하는 습관은 조금만 신경 쓰면 기본값으로 볼 수도 있다. 28살 때부터 지금까지 거르지 않는 취미이자 투자로 마라톤 습관을 들 수 있다. 지금도 일 년에 한 번은 풀코스를 완주할 만큼 구체적으로 계획을 짜고 성실히 이 취미를 즐기고 있다. 그 덕분인지 아무리 열정적으로 임해도 웬만해서는 지치지 않는다.

핵심역량이나 내부 장점 중에는 구체적으로 비용을 투자해야 하는 요소도 있지만, 그 비용이 현저히 적어서 사실상 조금만 신경 쓰면 기본값의 역할을 할 수 있는 장점도 있기 마련이다. 내게는 건강이 그랬고, 메모하는 습관이 그랬다. 늘 상사의 말을 귀담아 녹음하여 받아 적는 연습 덕분에 꼼꼼함을 훈련했다.

그리고 어느 순간부터 영어라는 +One조차 더는 투자해야 할 역량이라기보다는 매일 소통을 위해 써야 하는 기본값, 자연스럽게 내재화된 것으로까지 평가할 만한 요소가 되었다. 이렇게 투자의 부담을 덜게 되면 또 다른 요소를 +One으로 삼는 것이 좋다. 그렇게 모든 경쟁 요소를 기본값으로 내재화할 때 저력이 생긴다고 해야 할 것이다.

절대우위를 위한 +One을 고심하다

절대우위를 선정했다면, 그것과 연관하여 +One을 고심할 필요가 있다. 하지만 대학생들이라면 절대우위에 집중하느라 정신이 없거나, 사회에서 필요한 것이라면 이것저것 해보느라 시간을 낭비할 것이다. 이때는 실패하더라도 회복할 시간이 있고 실패의 자양분이 그의 인생에 좋은 영향을 끼칠 수도 있기에 무조건 해보라고 권장하는 편이다. 심지어 정확히 자신이 무엇을 해야 할지 몰라서 영어와 중국어만이라도 공부해놓는 경우도 있을 것이고, 영어나 자격증

시험을 보아서 일단 기본 스펙부터 갖추어 놓으려고 하는 경우도 있다.

하지만 나이가 들수록 차츰 방향성이 명확해져야 한다. 어차피 이것저것 하더라도 한계는 있다. 모든 걸 어정쩡하게 할 수도 있다는 의미다. 돈은 돈대로 들어가고, 효과는 기대한 만큼 나오지 않을 것이다. 영어와 중국어를 공부해놓는 것은 좋다. 어쨌든 어떤 식으로든 사회생활에서 시너지를 낼 수 있기 때문이다. 절대우위를 확보할 만큼 잘해낼 자신이 없더라도 시간 낭비는 아닐 것이다.

이처럼 확고하게 보증된 +One이라면 어떤 절대우위와 결합하더라도 긍정적일 가능성이 매우 높으므로, 절대우위를 모를 때라도 준비해놓는 것이 좋다. 이때 회화가 중요하다면 매일 몇 분씩 얼마의 단어를 써서 회화를 구사할지 구체적인 목표를 설정하면 좋다. 유학을 위한 것이라면 토플 점수로 그 목표를 설정하면 될 것이요, 고등학생이나 대학생의 경우 토익 점수를 따기 위해 노력한다. 시간이 남을 때 충실히 투자해두어서 안정적 궤도에 올라, 기본값으로 둘 만큼 실력이 확고해진다면 더없이 좋을 일이다. 간혹 그것에서 가능성을 보았다면 절대우위로 선정하고 더 집중해도 좋다.

20대 시절에 있었던 여러 번의 실패 경험도 온전하게 긍정적 기본값으로 전환되지 않았다. 그저 인생이 쉽지 않다는 것만큼을 느끼고 인생에 겸허해졌다는 것, 그것이 삼성 입사를 통해 상실감이 치유되고, 겸손과 성실의 미덕으로 남았다. 이것이 어떤 의미에서 긍정적 기본값이었다고 할 수 있다. 만일 그 뒤로도 계속 실패를 했다면 아마도 그 정도의 기본값 구실도 못했을 것이다. 아마도 위축될 때마다 그때의 실패 사례가 떠올라 포기를 종용하는 부작용의 기능만을 했을지도 모른다.

어쨌든 나는 삼성전기를 거쳐 TI에서 진짜로 일하는 즐거움을 경험했다. 그리고 마음에서 우러나오는 열정의 화신이 되었다. 누가 봐도 "김재경 씨는 열정 하나만큼은 누구도 못 이기겠어"라는 칭찬을 종종 들었다. "어렵지 않겠어?"라는 말을 들으면, 반드시 해당 기업의 결정권자나 실무자를 찾아가 성실하고 조심스럽게 그들에게 TI의 가능성과 신의를 알려주었다. 새벽이라고 해도 괜찮았고, 상대가 만나주기 쉽지 않은 상대라고 꺼리지 않았다. 영업맨의 중요한 덕목에 충실했고, 그 필수 덕목인 '진심을 다하는 열정'을 내 나름대로 객관화하여 향상시키려 노력했다. 그리고 상대에게 인내심을 지니고 다가가 성심을 다해 소통하는 것, 모든 영업의 시작이자 끝이었던 실천 덕목을 묵묵히 수행했다. 그게 나의 적성과 맞다는 것을 깨닫고, 남들이 간섭하지 않은 내 작은 세상을 주도적으로 건설하고자 할 때 기쁨을 느꼈다. 절대우위로 집중적으로 키우고 싶은 자질을 관리하기 시작했다.

그리고 나자 절대우위에 덧붙일 +One을 염두에 두기 시작했다. 아무래도 일단 '영어'는 매우 중요했다. 그건 대학교 때부터 습관적으로 중요하게 여겼던 것이다. 어쩌면 입시생 때부터라고 해야겠다. 그러나 실생활에서 영어 회화가 절실하게 중요해진 것은 TI에 입사한 때부터였다. 소통을 위한 '생존 영어'였기 때문에 +One이라 생각하지도 못하고 처절하게 익혔다. 이른 새벽 영어학원에 가서 수업을 듣고, 저녁에 다시 수강하여 보충도 하였다. 사무실에서 회의할 때 몰래 녹음을 하여 밤늦게 집에 와서 다시 듣곤 하던 일을 2~3년 반복하였다. 그저 절대우위를 통해 생존 경쟁에서 살아남으려는 목적에 몰두할 뿐이었다.

그런 맥락에서 보면 진정한 의미로 +One을 선택하고 본격적으로 확보를 위해 실행하게 된 건, TI에서 근무한 지 2년쯤 지난 1992년 3월이었다. 대학원에 진학한 것이다. 외국계 회사에서는 자율성을 최대한 보장하지만 성과로 철저히 평가하다 보니 업무에 익숙해질 무렵 나 자신의 진짜 경쟁력을 키우는 것에 관심이 쏠렸다. 오로지 나 자신의 실력 향상에 몰두할 수 있다는 것은 정말이지 좋았다. 그것을 충분히 보장하는 사내 분위기도 도움을 주었다.
물론 업무에서 차질이 빚어지는 것은 어느 회사든 좋아하지 않는다. 그래서 업무 후 대학원을 다니며 전문성을 높이기 위해 노력했다. 당장 실무에 적용하기에는 광범위할 수 있지만 향후를 고려하면 매우 중요했다. 그것은 영어가 기본값에 가까워질수록 새롭게 추구해야 할 +One이었다. 지금의 관점대로라면 이 시점이 특이점이었다고 할 수 있다. 직무에 약간 여유가 생기고 직무 역량이었던 '진심을 다하는 열정'으로 가파르게 치고 나가려던 시점이었다.

당시 1단계에서 2단계로 변화하는 길목인 특이점 시기라 해야 할까. 그즈음 +One을 온전히 도입하려고 했으니 적절했다. 의도했던 것은 아니었다. 그저 직무를 보는 안목과 여유가 생기면서 그 남은 역량을 쏟을 지점을 찾은 것뿐이다. 이는 업무역량 향상에 대한 욕구 때문이기도 했지만, 개인적으로 국제경영학을 더 공부하고자 하는 바람 때문이기도 했다. 아직은 딱 그 정도였다. 따로 시간을 내서 공부한다고 힘들지는 않았다. 수업 과제 보고서를 구상하고, 관련 정보를 수집하고, 논문을 구상하는 작업으로 국제경영학 공부의 깊이를 더할 수 있었다. 동시에 내 직무에 대한 시야를 넓혀주었다. 실무적으로 이론적으로 배울 것이 많았던 그 시절에 "Thinking Globally, Planning Strategically, and Working Professionally"를 책상 앞에 메모해 두고 매일 되새기며 나름대로 업무에 응용을 하고자 노력을 하였다.

처음으로 공부 자체가 내게 잘 맞는다는 생각도 했었다. 물리학을 공부할 때는 항상 이질적인 것을 애써 공부하는 느낌을 받았지만, 경영학을 공부할 때는 영업 전선에서 고민했고 해결했던 사안에 대해 정리하면 그게 곧 보고서가 되곤 했다. 내가 좋아하는 일이 내가 잘하는 일이고 그것으로 돈까지 잘 벌 수 있다면 더없는 행복이라 여기는데, 그때 경영학을 공부하면서 행복한 길에 서 있다고 느꼈다. 영업·마케팅 전문가로 높은 경쟁력을 갖추고 싶었다.

그때부터 지금까지 늘 주말 중 일요일 하루만큼은 오전에는 마라톤을 하면서 건강관리를 하고, 오후부터는 온전히 서재에서 주간에 적어두었던 메모지를 살펴보며 다시금 정리한다. 내 아이디어 뱅크인 메모를 꼼꼼히 챙겨두었다가 시간이 있을 때 다시 한 번 상기하는 것이다. 보통 때 메모지를 지갑에 두고 차 안에서든 사무실에서든 집안에서든 생각날 때마다 글감과 직무 아이디어를 챙겨둔다. 고객과 술 마시다가도 다른 분야에 응용할 아이디어를 들으면 곧바로 화장실에 가서 메모해두곤 했다. 때와 장소를 가리지 않는데, 주말에 달리면서 숨 쉬기 벅찬 가운데 떠올리는 아이디어는 생동감이 있는 경우가 많았다. 달리면서도 보고서를 쓴 셈이다.

요즘엔 메모지뿐만 아니라 휴대폰도 메모에 좋은 도구가 되니 메모하려면 얼마든지 할 수 있을 것이다. 나 역시 일하는 동안 잔뜩 메모가 쌓인다. 일을 열심히 했다는 증거이기도 해서 메모한 내용이 별로 없을 때에는 내 주간을 반성하게 하는 흔적이 되었다. 그렇게 모인 메모 내용을 일요일에 복기하다 보면, 어느 순간 메모를 하지 않고 방치했던 아이디어도 연달아 떠오르곤 한다.

메모 정리 작업을 마치고 나면 차분하게 논문 구상에 몰두하곤 했다. 그건 지금까지도 꾸준히 지켜온 것으로 마라톤과 함께 내게 깊숙이 스며든 습관이라 하겠다. 그 덕분에 SCI급 학술논문을 포함하여 다수의 논문도 발표했다. 그때부터 지금까지 그저 즐기면서

하는 일이다. 사례분석이나 실증분석과 같은 이론적인 연구를 통해
서 체계화하고 늘 실무의 가능성을 확장하려고 노력했다.

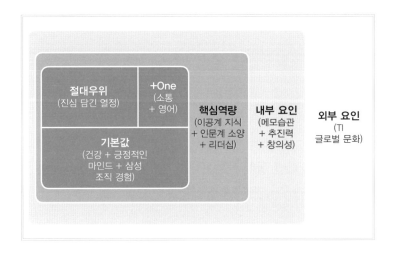

[그림 1-4] 텍사스인스트루먼트에서의 '절대우위+One'의 개념화

[그림 1-4]는 TI 시절의 '절대우위+One'을 개념화한 것이다.

'절대우위+One'의 획득 방법

 개인에 있어 '절대우위+One' 선정시 애로사항

사실 앞서 말했던 절대우위에 대해 개인이 발굴하려고 하면, 그 선택 폭이 넓지는 않다. 사실 사람들이 발굴할 만한 절대우위의 폭은 좁은 편이다. 영업맨에게 '진심을 다하는 열정' 말고는 뭐가 있을까? 독심술이라도 있으면 상대가 우리 회사 제품을 구매할 사람인지 아닌지 알고 접근할 수 있겠지만 그런 것은 그냥 희망사항일 뿐이다. 최면에 걸리게 하는 화술도 엄청난 장점일 수는 있겠지만 그런 사람이 몇이나 있을까. 신입 보험사원이라면 '넓은 인맥'도 절대우위일 수는 있다. 그러나 그건 언젠가 한계를 드러낸다.

아주 특별한 경우도 있겠으나, 대체로 개인이 지닌 역량은 기업에 비하여 한계가 있을 것이다. 설령 내재된 역량이 많더라도 대개는 투자비용이 들지 않는 무형적 속성일 것이다. 즉 투자해도 관련 역량이 늘었는지 확실치 않은 역량일 수 있다. 예를 들어 명철한 판단력이라 하면 이걸 키울 방식으로 독서를 해야 하는데 제대로 이걸 향상시켰는지 알기 어렵다. 그럼에도 '진심을 다하는 열정'처럼 주변적 형식으로 그 속성을 객관적으로 파악하는 자기만의 기준과 방식을 정해야 한다. 그게 어렵다면 그 역량을 절대우위 역량으로 육성하기 어렵기에, 반드시 스스로 구체적인 목표를 세우고, 그것에 대한 주변 반응을 평가 점수로 삼는 등 나름대로 자족을 넘어선 노력을 해야 한다.

그런가 하면 역량을 선정할 때 '사회인으로 안착하여 생계를 해결할 수 있는가' 하는 외부 요인을 고려하기 마련이다. 또한 그것이 경제적으로나 사회적으로 고부가가치인지, 자기실현에 있어 고부가가치인지 고려하기 마련이다. 그리고 대개는 대학생 때까지 기업이나 사회에서 요구하는 역량을 온전히 확보하지 못한 경우가 대다수다. 예술을 하면 밥을 굶고, 기술을 배우면 먹고는 사는 셈이다. 기업에서는 애초에 경영학적인 관점에서 핵심역량이 결집되지만, 개인의 경우엔 이처럼 자신의 역량이 사회에서 요구하는 경우와 불일치하는 과정을 겪을 때도 있다. 그리고 자신에게 기술 관련 자질이 부족하다면 학원에 다니며 보강하게 된다.

물론 당장 삶에 불필요해 보이는 역량처럼 보이더라도 극단적으로 잘라낼 필요는 없다. 겉으로는 시간을 낭비하는 취미일 수 있어도 그것으로 생활의 활력을 얻고 오히려 절대우위를 위한 집중력을 높일 수 있다면 남겨두는 편이 좋다. 시간을 너무 많이 빼앗기지 않는다면, 어차피 개인이 투자하는 비용이라 해봤자 기업의 선택과 달리 큰 손실로 이어지지도 않을 것이다. 젊을수록 다양한 취미를 가져보는 것도 좋다. 먹기 위해 사는 게 아니라 살기 위해 먹는 것이니, 그 삶의 풍요로움 자체로 만족도가 생긴다면 그 나름대로 성공한 인생일 수도 있다. 효율성에 대한 강박대로 우리 삶이 돌아가는 것은 아닌 셈이다. 그리고 역설적으로 비효율적 여유가 우리의 경쟁력을 효율적으로 높여줄 수 있다. 기업과 달리 개인만의 특성이라고 하겠다. 그런데 구글 등에서는 언뜻 비효율성으로 보이는 삶의 특성마저도 기업에 적용할 수 있을 것으로 보고, 업무 시간의 20%는 딴짓을 할 수 있도록 장려한다.[10] 이는 자유로운 착상의 시간을 근무 시간대에 제공하는 시도라 할 수 있다. 어쩌면 삶의 비효율적 선택에도 기업 논리에 적용할 만한 중요한 비밀이 숨어 있을 수도 있겠다.

그런 맥락에서 내 경우에도 결코 양보할 수 없는 게 있는데, 마라톤이 그것이다. 이건 여러 이유를 다 들지 않고도 좋다. 지금까지 건강을 유지한 것도 달리기 덕분이라고 믿고 있다. 최근에는 매주 일요일 아침, 반포시민공원에서 뚝섬까지 왕복하면서 하프코스를 동호회 회원들과 같이 뛴다. 가끔은 회원들과 함께 서울의 오솔길, 산길, 공원과 같은 자연 그대로의 길을 달리기도 한다. 경쟁하듯 뛰면서 스피드를 올리다 보면 숨이 차올랐다. 내면에 눌려있던 답답함이 뻥 뚫렸다. 벅차오르는 기분도 들었다. 그렇게 뛰다 보면 폐활량이 늘기 마련이었고, 벅차오르는 순간을 더 오래 즐길 수 있었다. 그들과 있으면 마음이 편했다. 아무런 이해관계를 고려하지 않아도 되기 때문이다. 순수하게 기쁨을 만끽할 수 있는 순간은 언제나 소중하다. 그것을 굳이 '절대우위+One'의 관점으로 의미를 부여할 때 비로소 나도 모르게 '강한 체력'이라는 기본값의 기능을 한다고 합리화했을 뿐이다. 또 기분 전환을 통하여 월요일부터 금요일까지 역동적인 직장 생활을 가능하게 해준다.

마라톤은 감동이 있어서 좋다. 3년 전 풀코스 마라톤 대회에 참가했을 때 주로에서 한 젊은 친구와 같이 보조를 맞추면서 달렸다. 양복을 입고, 넥타이를 매고, 구두를 신고 달리면서 취직의 절실함을 몸소 체험하는 것이었다. 그 친구가 짠하기도 하고, 대견하기도 하고, 젊은 시절의 나를 회상도 했다. 그런 열정으로 본인의 기본값과 핵심역량을 차근차근 쌓아간다면 어디에 있더라도 성공하리라 믿는다. 마라톤은 나에게는 빠질수 없는 취미이고 활력소 역할과 체력 증진에 도움이 되는 기본값으로 만들고 싶었다.

 ## 절대우위의 획득 방법

절대우위를 획득하려면 우선 그것이 내부의 핵심역량인지부터 파악해야 한다. 내부에 이미 보유한 핵심역량이라면 이를 최적화할 수 있도록 체계를 구성하면 된다. 만일 내부의 역량이긴 하지만 조금 부족한 부분이 있다면 이를 보완하면 될 것이다. 또한 내부에 보유하고 있지 않더라도 이미 갖춘 역량을 조합하여 독자적인 개발이 가능할 수도 있다. 결국에 이 역량을 독자적으로 갖추고 향상시킬 수 없다면 절대우위가 아니라는 방증일 것이다.

만일 이러한 역량이 없을 뿐만 아니라 조합하여 개발할 기반조차 없다면, 외부에서 유입해야 한다. 그러지 않아도 될 다른 절대우위 후보가 있다면 모르겠지만, 때로는 반드시 특정한 기술에 대한 기반을 갖추어야 할 때도 있다.

요약하자면 첫째, 인력을 사오거나 업무 협약을 맺는 등의 투자를 해야 한다. 기업이라면 M&A도 검토할 만하다. 아직 내면화하지 못한 외부 지식을 통째로 사오는 방식이다.

둘째, 라이센스 협약 등으로 단계적으로 기술을 전수받는다. 역량이 있다면 벤치마킹만으로도 기술을 터득할 수 있지만, 기존 역량으로 해결할 수 없다면 조건을 맞춰 단계적으로 기술을 전수받아야 한다.

셋째, 기술 전수를 통하여 확보한 노하우를 적용하여 직접 완제품을 만들고, 더 나아가 독자 기술을 개발하는 수준에 이를 때 비로소 절대우위를 위한 진정한 시작을 할 수 있다. 기술 독립의 수준이라 하겠다.

이러한 과정을 잘 보여주는 산업이 국방산업일 것이다. 특히 차세대 전투기 사업의 경우 주로 미국에서 전투기를 도입하는데 이때마다 얼마나 첨단 기종을 구매할 수 있는지가 관건이 된다. 일단 사고 싶어도 구입할 수 없는 기종이 있기 마련이다. 주로 미국이 기술 전수를 허용하는 기종이 있고, 그것에 한해서 선택할 수 있다. 또한 구매할 전투기를 도입하고 여기서 얼마나 많은 기술을 전수받을 수 있는가 하는 것이 관건이 된다. 즉 완제품을 도입한 뒤 단계적으로 우리가 기술을 전수받아서 생산하고, 마지막으로 우리가 완제품을 만들어보는 것이다. 그 단계를 넘어선 뒤에야 그 기술을 활용하여 독자적으로 새로운 비행기를 만드는 과정을 거칠 수 있다. 절대우위는 그다음에야 기대할 수 있다.

기업의 경우에도 크게 다르지 않지만 약간의 차이점도 있다. 대표적으로 기업에서는 직접 M&A한 회사의 기술을 즉시 적용할 수 있다는 장점이 있다. 현대와 기아처럼 각각의 브랜드를 그대로 유지하며 그 장점을 취하는 경우도 있다. 디즈니의 경우에는 3D 애니메이션에서 경쟁우위를 지녔던 픽사를 인수하여 큰 방향성만 제시하면서 해당 회사의 역량을 보장하기도 한다.[11] 물론 소니가 아이와(AIWA)라는 워크맨업체를 인수한 뒤 단계적으로 아이와란 제품의 흔적을 지워가는 것처럼 장기적으로 하나로 통합하는 전략을 취하기도 한다.[12]

이러한 기업 인수 전략이 항상 원하는 대로 성공하는 것은 아니다. 일단 해당 기업을 인수할 수 있는 내부 역량이 있어야 하며, 해당 기업이 인수에 합의할 상황이어야 한다. 이런 점이 개인의 경우와는 다르며, 국가 간 국방사업과도 다른 점이라 하겠다.

+One 획득 노력은 어떻게 해야 하는가?

절대우위를 위해서는 M&A까지 고려할 만큼 적극적으로 지식경영 전략을 구사해야 한다.

하지만 +One의 경우라면 더 안정적인 방법을 택해야 할 것이다. 인수하려는 기업이 매우 작아서 인수하는 편이 훨씬 경제적이라면 M&A로 +One을 고려하는 것도 괜찮지만, 대개는 플랫폼 전략을 통하여 기존에 확보하고 있는 핵심역량을 최적화하여 절대우위와 결합하는 쪽이 실리적이다. 이때가 시기로 보면 특이점에 있는 단계이므로, 여러 절대우위 후보군을 고려하던 상황이라는 점을 염두에 두어야 한다. 그렇다면 여러 절대우위를 고려한 다음 선정된 절대우위와 함께 결합할 +One을 인수한다는 전략은 일반적인 기업이라면 조금 무리가 따른다. 그러니 탈락한 절대우위 후보 역량이라든가 기존에 이미 검증된 핵심역량으로 +One을 선정하는 편이 좋다.

물론 회사의 사정이 모두 동일한 것은 아니다. 만일 신생회사라면 일반적으로 핵심역량을 몇몇 보유하고 있는 회사들과 같은 전략을 취하긴 어렵다. 일단 생존 경쟁에서 살아남으려면 하나의 우위를 핵심역량으로 만들어야 한다.

절대우위를 목표로 삼더라도 현실적으로는 절대우위에 오르는 경우보다는 살아남을 만큼의 경쟁우위를 확보한 경우가 더 많을 것이다. 혹은 여전히 그 우위조차 점하지 못하고 위태한 경우도 있을 것이다. 그럴 때 +One은 시기상조일 수도 있다. 자금의 문제도 있다. 모든 자금을 총동원하여 하나의 역량을 끌어올려야 하고, 죽느냐 사느냐 하는 것이 그 하나에 달려있을 때는 아직 +One을 선정할 때가 아니다. 있는데 안 하는 것이 아니다. 없기 때문에 +One을 하려면 외부에서 그 역량을 끌어와야 하고 그만큼 모험의 수위는 높아진다. 그런데 여전히 여건이 안 되어서 핵심역량조차 안정적이지 못하다면 아직 때를 기다려야 한다. 일단은 하나를 제대로 해서 살아남아야 한다. 이럴 때라면 기존에 창업할 때부터 지니고 있는 열정처럼 기본값을 환기해야 한다. 지닌 기본값이 무엇인지 파악하고 이를 극대화하는 방법을 모색해야 한다. 투자비용은 거의 들지 않으면서 이 역량을 극대화할 경우 회사는 생존할 가능성이 높아진다.

일본전산이 초반에 소수의 인원으로 일당백을 하면서 열정 하나로 버티던 시절을 자랑하듯이[13] 신생회사가 신화적인 성장을 할 때는 대개 사원들의 기본값을 기본 문화 차원으로 잘 전환하였다고 볼 수 있다. 즉 그 전체의 총합을 회사의 기본값으로 만들었던 것이다. 우리 대한민국이 한강의 기적을 시작하던 초창기에는 사실 이 기본값을 잘 활용하였다고 할 수 있다.

그렇게 생존에 성공하고 의미 있는 유일한 핵심역량을 절대우위 수준으로 끌어올렸다면 +One을 추가할 여력이 생긴다. 최초의 +One이라면 차세대까지 고려하여 독자 개발하거나 외부에서 유입할 만큼 만만치 않은 작업이겠지만 생존을 위해 개발해야 한다. 절대우위만을 추구하는 것은 위험도가 높고 절대우위의 수명을 짧게 하기에 되도록 빠른 시기에 +One이 추가될 수 있도록 노력해야 한다.

그렇다면 개인의 경우는 어떨까? 개인의 영역에서는 두 가지 해석이 가능하다.

우선, 절대우위로 발굴할 역량도 많지 않다면 사실은 +One도 발굴할 게 마땅치 않을 수 있다. 그런 처지라면 신생회사의 사례와 크게 다르지 않다. +One을 발굴하기 위해서 외부에서 기술을 유입하기 위해 학원에 다니든지 해야 할 것이다. 그리고 절대우위를 위하여 자기만의 노하우를 정립하는 단계에까지 이르는 과정을 인내해야 한다.

그런가 하면, 정반대의 해석도 가능하다. 개인에게 +One이라 해보았자 기업에 비해 그리 큰 수준의 공력이 들지 않는다고 보는 것이다. 이런 경우라면 +One을 추가하는 것이 기업에 비해 상대적으로 어렵진 않다. 일단 기업에서 개발하는 수준의 비용까지는 들지 않는다. 때로는 금전적인 것보다는 실천력만으로도 확보할 수

있는 +One도 있다. 또 동시에 절대우위와 +One을 추구하다 실패
하더라도 생존의 위협까지 받거나 하지는 않는다. 기껏해야 시간
낭비와 실패의 쓰라림 정도가 치러야 할 대가인 경우가 많다. 더구
나 젊은이라면 실패를 통해 조금 낭비된 시간만큼이나 값진 경험을
하였으니, 당장엔 부정적인 기억이 남더라도 훗날 반전되어 긍정적
인 질료가 될 수도 있다. 그러니 시도해보아도 좋다.

이때 투자 비율(역량 분산 비율)은 명료하진 않다. 자기계발 영역
에서는 기업과 달리 모호할 수밖에 없다. 그저 70:30쯤으로 절대
우위와 +One을 나눈다고 보고 상황에 따라 알맞게 조정하는 것이
좋겠다. 반면 기업에서는 자금이라든지 평가 기준을 활용하여 투자
비율을 어느 정도 객관화할 수 있으므로, 비율의 규칙을 되도록 지
키는 편이 좋다.

나는 '절대우위+One'를 어떻게 객관화하여 획득하였는가?

영업맨으로서 절대우위로 계발해야 할 역량은 '진심이 담긴 열정'
이었다. 이에 대해서는 앞서 언급했듯이, 누가 봐도 객관적으로 내
게 열정이 있다는 평가를 받을 수 있도록 노력했다. 그냥 열정을
가져야겠다는 방식이 아니라 '객관적으로 누군가에 세 번까지 거절
당할 각오로 한다'는 식으로 구체적인 실천 계획을 통하여 무형적
인 열정을 향상시키려 노력했다. 그리고 이것에 대한 간접적인 평

가로 성과를 들 수 있다. 성과가 좋다면 내 열정이 제 몫을 다한 것이고, 성과가 나빴다면 내 열정에 뭔가 부족한 점이 있지 않을까 점검하면 되었다. 물론 열정이 있어도 운이 안 좋은 경우도 있겠지만 그러한 예외적인 것을 일일이 염두에 두다 보면 무형적인 자질을 얼마나 향상시켰는지 파악하기 어렵기 때문에 분명한 방향성을 띠고 열정을 극대화하기 위해 그러한 객관적인 지표의 의미를 조금 단순화하여 적용해보곤 하였다. 즉 성과가 좋다면 열정이 제 몫을 다한 것이라고.

그리고 운까지 맞아떨어진 덕분인지 TI 근무 시절에 후발주자로서 여러 기업과 납품 계약을 성사시키면서 영업 및 마케팅 매니저로서 좋은 성과를 올렸다. 또한 아시아 마케팅 담당을 하면서 일본, 중국 등의 글로벌 OEM들과 현지에서의 비즈니스 경험은 매우 소중한 자산이 되었다. 그 뒤로 내 삶에선 대개 스카우트 제의가 많았다. 먼저 자리를 잡은 선배님들이 내게 좋은 제안을 해주곤 했다.

"김재경이는 열정이 대단해서, 일을 맡겨놓으면 안심이 돼. 일을 하면 반드시 결과로 보여주잖아"라는 평판 덕분이었을까. 뒤돌아보면, 정말이지 영업맨으로서 진심을 다하여 열정적으로 일하였다. 아무래도 상사들도 일을 사랑하는 후배들을 좋아하기 마련이다. 나 역시 후배들이 진심을 다하여 일에 집중하는 표정을 볼 때면 흐뭇하다. 그런 사람에게 더 많은 기회를 주고 싶은 것은 인지

상정일 것이다.

그 기회를 놓치지 않았다. 11년간의 TI 생활을 마치고, 2000년 12월, 반도체를 더 알고 싶은 마음으로, 내셔널세미컨덕터코리아에 영업담당 부장으로 이직했을 때가 38세 때였다. 2년 후 영업이사로 승진 후 다시 퀄컴CDMA테크날러지코리아에 핵심임원으로 이직한 것이 2003년 9월이었으니 반도체 분야에서 비교적 괜찮은 흐름으로 성장했던 셈이다.

더구나 이곳에서는 LG와 CDMA 납품 계약으로 회사에 뚜렷한 기여를 했던 경험이 내게 인상적인 기본값으로 남는다. 내셔널세미컨덕터코리아 시절부터 LG그룹 쪽 영업을 괜찮게 하는 편이었는데 그것이 퀄컴에서도 이어졌다. 2000년 중반에 LG는 샤인폰, 초콜릿폰, 프라다폰 등을 성공시키며 피처폰 분야에서 세계 4위권의 경쟁력을 지니고 있었다.

이처럼 뚜렷한 입지를 구축하던 LG는 미국과 남미 그리고 한국 시장에서 비교우위를 점하기 위해 노력했다. 마침 미국 시장에서 경쟁해야 할 모토로라의 경우 통신 전송 방식으로 CDMA(코드분할다중접속방식)에 무게를 두고 있었다. 퀄컴 등으로 대표되는 CDMA는 통신기술에서 표준화된 것으로, 당시 노키아를 중심으로 유럽 등지에서 주로 선호된 TDMA(시분할다중접속방식) 통신기술과 치열한 경쟁을 하고 있었다.[14] LG는 향후 시장 변화 및 자사의 목표 시장을 고려할 때 통신 전송 방식으로 CDMA에 우선순위를 두면서, 퀄컴의 절대우위 기술이었던 CDMA와 인연이 맞닿았다. 만일 LG가 피처폰의 성공에 안주하지 않고 발 빠르게만 대응했다면, 스마트폰 시대에도 삼성만큼이나 강한 경쟁력을 보여주었을지도 모른다. 결과적으로 LG는 그러지 못했고, LG와 인연이 있었던 입장에서 볼 때 좀 아쉽다. LG 모바일 사업의 전성기에 함께했던 파트너로서 조금 남다른 마음이 있었다고 해야 할까.

나는 그 당시 상승세의 LG그룹 및 SKT, KT, 팬택, 텔슨, 기가텔레콤 등의 주요 핸드폰 고객들과 사업자들을 상대로 영업을 하면서 퀄컴의 성장과 함께했다. 그때는 열정을 쏟은 만큼 성과가 나왔고 나 역시 모든 순간의 열정을 일에 쏟아 부었다. 지나고 보니 가족들과 주말에 소중한 시간을 보내지 못했던 것이 진한 아쉬움으로 남는다.

생존의 마당에서 '진심을 다하는 열정'이라는 역량을 누가 가르쳐줄 것도 없이 부딪혀서 익혔다. 획득 방법으로 보자면 독자 기술 개발이라 할 수 있겠다. 하기야 열정을 누가 가르쳐줄 수 있겠나? 가르쳐준다고 배울 수 있는 것도 아니고. 그저 매 순간 살아남기 위한 집중력이 점점 즐기는 열정으로 변하고 있었다. 운이 좋았다. 내 적성에 맞는 일을 만난 덕분이기도 했을 것이다.

이러한 절대우위를 더 강화하기 위해 나는 늘 하나를 더 생각했

다. 매 순간 "뭐 하나 더 있지 않을까?"라는 발전의 노력이 내 열
정으로 발화된 것이라 여기는데, 사실 그 하나를 매번 찾기는 어
렵다. 그러나 어쨌든 하나를 더 찾으면 조금 더 나아지는 것은 자
명하다. 모든 업무를 그런 습관으로 하다 보니, 그게 쌓여 나중에
는 꽤 큰 열정의 산물이 나오곤 했다. 매 순간 더 생각하지 않고
딱 처음 예상했던 데서만 끝냈다면 평범한 성과를 올렸을 것이고,
초반부터 너무 많은 걸 한꺼번에 하려고 했다면 지레 포기하고 말
았을 것이다. 욕심부리지 않되 늘 반걸음씩 더 나아가려던 습관
덕분에 장기적인 전략으로 '절대우위+One'을 구상하게 된 것이기
도 하다. 하나에만 만족하지 말되 너무 많은 것을 하려고 하지 말
자. 가장 중요한 하나에 덧붙일 하나만 더하자는 자세의 산물이었
던 셈이다.

  조금 더 잘하려는 마음에서 시작된 대학원 석사학위 취득 과정은
TI에 있을 때 우수한 성적으로 마쳤다. 그것이 곧 내 직무와 연관
성이 있다는 것도 좋았다. 개인적으로 외국계 회사에 다니니 당시
뜨던 지식경영 차원에서 다국적기업의 역할에 대해 고심하고 있었
다. 그러나 여러 환경 변화로 차일피일 미루고 있다가 2010년에야
박사과정을 시작하였다. 당시는 퀄컴에서 나와 넷로직마이크로시
스템즈코리아의 지사장을 할 때로, 한국법인 대표로서 그동안 구상
하던 반도체 사업의 경영전략과 신사업을 펼쳐보려던 상황이었다.

  이처럼 절대우위로 향하는 과정이 순조로울 때 나는 +One으로

진행되던 과정을 다시 실천하였던 것이다. 회사 내에서 학위를 주는 것도 아니었으니, 금전적 비용과 시간적 투자 모두 만만치 않게 들었다. 사실 이런 시도는 절대우위를 육성하려 할 때 외부 집단이나 인재를 끌어들여서 기술을 전수받는 단계라고 할 수 있다. 그것으로 절대우위를 점하려면 좋은 논문을 써내는 학자가 되는 것에 있을 것이다. 물론 +One으로 활용한다는 점에서 학자로 성공하는 것까지 생각하지는 않았다. 그러한 현실적인 목표 설정에 비해서 꽤 큰 각오가 있었기에 가능했던 과정이었다.

즉 내가 확보하려는 +One은 건강관리 수준이 아니었다. 그냥 사람들과 화목하게 지내려는 친화력을 계발하겠다는 것도 아니었다. 마치 신생회사가 절대우위를 막 궤도에 올린 후, 그것에 보완재 역할을 할 +One을 내부에서 찾지 못해서 대학원으로 기술 제휴를 맺으러 가는 셈이었다. 대학원에 등록하여 그 기술을 교수님으로부터 전수받고, 논문을 쓰고, 학위라는 자격증으로 자산화하는 셈이다. 그리고 그 지식을 활용하여 내 직무의 절대우위 달성을 위한 시너지 요소가 되어야 하는 것이었다. 엄밀히 보면 다른 진로 위에 놓여 있지만, 분명 서로 상승 작용하는 요소로서 직무와 학위가 결합되어 있었다.

차세대 '절대우위+One'

 생애 첫 해고를 당하면서

50세 때 처음으로 옐로우 페이퍼를 받았다. 모든 것이 잘 풀리고 한창 일하던 시절이라 충격적이었다. 실리콘밸리의 회사는 해고통지서를 노란 봉투에 담아서 준다는 의미에서 '옐로우 페이퍼'라 불렀는데, 그것을 난생처음 받아보고는 착잡했다. 다니던 회사가 브로드컴 코퍼레이션(Broadcom Corporation)이라는 글로벌 반도체 5~6위권에 있는 회사에 합병되는 상황에서 지사장직을 유지할 수 없었다. 대학 생활 때 비해서 직장 생활은 순탄한 편이었다. 열정적으로 직무에 임하면 성과도 따라오는 편이라 이 업무를 너무도 사랑하였다. 그렇게 자신감을 회복한 뒤로는 대학 시절의 시행착오조차 미화되어 긍정적인 기본값이 되었고, 그 기본값은 지난한 과정을 이겨내는 인내심이나 역경에 쉽게 흔들리지 않는 뚝심으로 드러나곤 했다.

하지만 50세 때에 받은 해고 통지서는 정말 무겁게 느껴졌다. 떨리는 마음으로 조용히 해고 사실을 받아들이기 위해 눈을 감았다.

'집에는 어떻게 말하지?'

그런 생각이 들었다. 그토록 열심히 산 대가가 이런 것인지 애써 받아들이고자 했지만 집에는 어떻게 말해야 할지 참 난감했다. 좋든 싫든 무직자란 신분이 되었고 뼈아픈 실패의 결과가 그동안의 기본값을 모조리 가루로 만드는 것 같았다.

한동안 가족 누구에게도 말하지 않았다. 그 순간의 의미를 말로 내뱉어 객관화해버리면 가족의 한탄과 위로와 슬픈 눈동자 앞에 내 모든 열정의 순간들이 실패로 규정되고, 기본값을 차곡차곡 쌓아오던 승리의 경험도 한낱 먼지에 불과해질 것 같았기 때문이다. 누군가 말했듯 아무리 성공적으로 삼성을 다녔어도 삼성을 나온 뒤 일주일이 지나면 그냥 '삼성 나온 백수'라는 표현이 실감나게 다가왔다. 그토록 열심히 살았는데 모든 의미가 간단하게 귀결된다면 조금 허무하다는 생각이 들었고, 그 표현으로 간결하게 확정 짓고 싶지 않았다. 어머니는 젊은 시절에도 나에게 "재경이는 50세부터 대운이 든다고" 말씀하셨는데 정작 50세 되는 해에 백수가 되고 나니 모든 게 막막했다. 그 상황을 받아들이기 어려웠다.

그저 아침에 똑같이 일어나서 양복을 입고는 아내와 아이에게 억지로 웃으며 출근했다. 그리고 회사로 출근할 수 없어 정처 없이 걷다가 도서관에 가곤 했다. 아침의 선선한 공기, 2012년 5월의 아침 공기를 지금도 기억한다. 꽤 상쾌했어야 할 공기는 내 마음으로 들어와 무겁게 내려앉았다. 정말 이상했다. 그 전날까지만 해도 50통

이상 왔던 휴대전화 목록에 아무런 기록도 남지 않았다. 0통의 통화 목록을 보면서 도서관 구내식당에서 점심을 먹고, 오랜만에 책을 빌려서 읽기도 했다. 무엇보다도 학위 논문을 충분히 구상하고 쓸 시간이 생겼다. 좋은 식의 여유는 아니었지만 50세에 이르러 조금은 다른 각도에서 인생을 구성해보아야 했다.

두 달쯤 그렇게 보냈을 것이다. 그해 여름까지 박사학위 논문을 어느 정도 마무리할 수 있었다. 인생에서 원하지 않은 휴가였지만 그때 +One이었던 전공 공부에 대해 더 깊이 고민하였다. 정확히 말하면 차세대 절대우위에 관한 것이었다. 당시의 메모를 보면 이렇게 쓰여 있다.

"현직에 있을 때 일과 삶의 주인이 되고 노후를 준비하라."

'나가도 내가 나가지, 다시는 잘리지 않겠다. 그런 수준에 오르겠다'라는 마음을 먹었다.

너무도 바쁘게 업무에만 몰두하고 있었다. 아직은 괜찮을 줄 알고 그저 진심을 다하는 열정을 쏟았더니, 성과도 좋은 편이었고 계속해서 다른 곳에서 스카우트 제의가 들어왔다. 선배님들은 자주 나를 기억해주고 연락을 해주었다. 나는 그저 직무를 더 강화하기 위해서 +One을 생각했을 뿐이다.

그런데 전혀 예상치 못한 시점에 좌초해버린 것이다. 다시 아무것도 기댈 것 없는 무인도에서 홀로 살아남아야 할 것처럼 느꼈다. 지인들에게 연락을 하면서도 심리적으로 위축되었지만 애써 그 마음을 들키지 않으려 했다. 그때 메모했을 것이다. 한 번만 더 기회가 주어진다면 그때는 회사와 나 자신뿐만 아니라 내 가족들의 미래에 대해서 더 충실하게 계획할 것이라고.

결국 당시에는 어쩔 수 없이 차세대 경쟁력에 대해 생각할 수밖에 없었다. 또 선택의 여지가 없었다. 학위를 따서 그것으로 재취업하는 것밖에는 없었고 만일 그게 실패한다면 그다음은 그다음에 생각해야 했다. 일단 눈에 놓인 박사학위를 취득해야만 했다. 객관적인 경쟁력을 위한 한 줄이라도 의미 있는 것이라면 적어 넣어야 했다.

만일 이것을 조금 더 일찍 준비해놓았다면 심리적으로 위기에 몰리기 전에 더 좋은 조건을 갖출 수 있었을 것이다. 타이밍이 중요했다. 차세대를 도입할 때에도 가장 안정적으로 유리한 상황을 예비할 알맞은 시기가 있었다.

아직은 주저앉을 수 없었다. 위기에 몰렸다면 위기로부터 시작하면 될 일이었다. 아직은 아무것도 알 수 없지만 그저 인생의 2기가 시작된 것으로 생각하면 될 일이었다.

그런데 다행스럽게도 인생의 1기는 더 연장된다.

차세대 절대우위의 선정 기준

차세대 절대우위를 선정하는 과정은 반드시 필요하다. 이를 적절히 수행할 때 '절대우위+One'의 주기가 새롭게 갱신되며 기업이나 개인의 경쟁력과 명성을 유지할 수 있다. 이때 차세대 절대우위가 정해지지 않으면 당연히 +One을 확정할 수 없다. 너무도 명확한 +One이라 어떠한 절대우위가 오더라도 긍정적인 최고의 결합이 가능한 예외적 경우가 아니라면, 반드시 차세대 절대우위를 선정한 뒤 +One을 검토해야 한다.

이때 차세대 절대우위는 최초의 절대우위보다는 조금 더 폭넓게 논의해야 한다. 즉 절대우위를 선정한 경험을 바탕에 두고 차세대 절대우위를 채택하려 할 것이다. 만일 최초가 아니라면 핵심역량에 속한 것뿐만 아니라 향후 큰 상황 변화를 주도하는 혁신도 검토해볼 여지가 있다.

이처럼 차세대 절대우위 때는 기존 절대우위 혹은 +One과 연속적 속성을 지닐 수도 있고, 단절적 속성을 지닐 수도 있다. 연속적 속성의 경우엔 기존 성과에 바탕을 두고 거기서 조금만 더 혁신하여 시장 변화에 대응하는 방식이다. 반면 단절적 속성의 경우엔 기존의 방식과는 전혀 상관없는 분야로의 파격적 진출을 의미한다.

보통 많은 경우 연속적 속성으로 논리적인 변화를 꾀하기 마련이다. 그런 경우엔 모두의 동의를 이끌어내기도 쉽다. 예를 들어 인텔처럼 PC 시장에 주력했다가 확장하여 서버 시장으로 진출하는 등의 충분히 논리적인 연속성을 지닌 경우가 안정적인 변화라 하겠다. 특히 기존의 절대우위는 신생기업이라면 선택의 여지가 없다. 그러나 차세대를 고려할 만큼 성장하여 어느 정도 절대우위 경쟁력을 확보한다면, 차세대 절대우위를 미리 검토할 수 있다. 내부 역량을 고려하여 이미 보유한 역량에서 발굴하는 것이 합리적이고 그럴 때라면 기존 절대우위와 연속적 속성을 띨 가능성이 높다. 대개는 기존 절대우위의 외연 확장일 때가 많다. 일본전산의 경우처럼 원래는 가전제품 핵심부품만 취급하다가 새로 등장한 자동차에 자신의 기존 부품을 응용·적용하는 식이 그 예일 것이다.[15] 이럴 경우에도 절대우위를 위하여 회사의 역량을 상당히 집중하는 것이기에 고부가가치인지 반드시 가장 중요하게 검토해야 한다. 만일 그것이 애매하다면 적극적으로 외부에서 발굴해내야 한다.

이때 외부에서 발굴하여 차세대 절대우위를 선정하게 될 때는 그것이 꼭 기존 절대우위와 연결고리를 가져야 한다는 법은 없다. 특히 기존 절대우위의 시장이 사양산업 분야라면 반드시 그 시장으로부터 빠져나와야 한다. CJ의 경우엔 식품업계에서 글로벌화하기가 어렵다는 판단을 하고는 문화기업으로 탈바꿈을 하려고 했는데,[16] 이러한 전략은 절대우위 관점에서 보면 단절적 속성을 지닌다. 매우 파격적인 변신이기 때문이다. 테슬라 역시 전기자동차로 유명해졌지만 우주를 개척하는 프로젝트를 진행하고 있다.[17] 매우 위험천만한 모험처럼 보이지만 기업가들은 아무나 흉내 내지 못할 혁신을 꿈꾼다. 고비용을 투자하는 만큼 그것의 성과도 주목해야 한다. 고비용 리스크를 상쇄하고도 남을 보상이 있어야 한다. 이때 고부가가치의 요소가 판단의 중요한 기준으로 작용한다. 그래서 차세대 후보군을 선정해두고 성장 가능성을 살펴야 할 것이다.

　물론 개인의 영역에서도 연속적 속성과 단절적 속성은 모두 보인다.[18] 보통 연속적 속성이라 하면, 기존에 관여하던 분야에서 이직하는 경우를 들 수 있다. 또한 공부를 하던 사람이 몸으로 일을 하는 쪽보다는 머리를 쓰던 쪽으로 특화하여 생계를 잇는 경우도 생각해 볼 수 있다. 단절적 속성을 살펴보면, 대기업의 빡빡하고도 집단주의적 생활에 염증을 느끼고, 개그맨으로 전업을 하는 경우를 생각해 볼 수 있다. 수영선수를 하다가 배우가 되는 경우도 있다. 전혀 연결점을 찾을 수 없지만 그런 사람들을 종종 본다. 은행을 일찍 퇴직하여 통닭 장사를 했는데 크게 성공한 경우라면 역시 단절적 속성으로 차세대 우위를 획득해나가는 경우라 하겠다.
　다만 개인의 영역에서는 이미 검증된 영역 안에서 맴돌 때가 많다. 기업은 살기 위해 개척해야 하는 경우도 많지만, 개인이라면 굳이 그러지 않아도 되는 상황인 것이다. 그런 경우에 단절적 속성으로 모험하는 경우보다는 연속적 속성을 지닌 쪽에서 자기의 강점을 새로운 분야에 맞게끔 변용하는 방식으로 차세대의 절대우위로 만들려는 경우가 흔하겠다.

보통 차세대의 절대우위를 발굴할 때는 변곡점부터라 하겠다. 변
곡점이라면 1단계에서 2단계로 넘어가는 때로 기존의 절대우위
에 보탠 +One이 본격적으로 힘을 발휘하는 시기다. 만일 제대로
+One이 성과를 낸다면 절대우위의 수명을 조금 더 늘릴 수 있다.

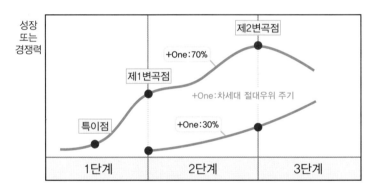

[그림 1-5] 차세대 절대우위 선정 시기 및 투자 비중

[그림 1-5]에서 처럼 원칙적으로는 절대우위에 투자하는 것을 멈
추고 +One에 70% 정도를 투자하고, 차세대 절대우위를 발굴하기
위해 후보를 구성하는 데에 30%를 배분해야 한다. 변곡점 이후로
그려지는 그래프 말고, 차세대 '절대우위+One' 주기를 새로 그리기
시작하는 것이다.

다만 앞서 언급했듯이 아주 선명하게 차세대 절대우위를 기존 주기의 특이점에서 선정한 경우를 생각해볼 수 있다. 우연히 1단계에 절대우위를 선정하고도 하나를 차세대로 확실히 낙점한 경우일 것이다. 관록 있는 기업이라면 핵심역량 중에 차세대로 선정할 만한 역량을 보유하고 있었을 수도 있다. 이럴 경우 1단계 때부터 조금씩 투자가 이뤄지는 상황에서 투자를 멈추긴 어렵다. 즉 특이점에서부터 한꺼번에 '절대우위+One'과 함께 차세대까지 고려한 투자 비율이 고려되어야 한다. 구글의 경우처럼 70:20:10쯤으로 비용을 분산할 필요가 있다.[19] 초기부터 3개 정도의 역량에 집중하는 셈이다. 분명하게 절대우위에 힘을 쏟되 조금씩만 분산하는 셈이다. 새로운 차세대 주기의 1단계는 기존 주기의 특이점 때부터 시작되는 것이다. 그러나 대개 차세대의 경우 미래를 쉽게 예측하기 어렵다. 또한 보통의 기업이나 사람이라면 그 정도로 충분히 핵심역량을 보유하지 못하기 때문에 특이점에서는 일반적으로 '절대우위+One'에 대한 선정과 투자가 시작된다고 본다. 그리고 변곡점 이후로 +One은 70%이고, 차세대 절대우위 후보군에 30%를 배분하여 추이를 관찰해야 한다.

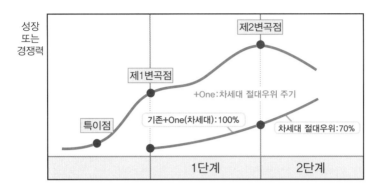

[그림 1-6] 기존 +One과의 차세대 절대우위가 일치할 경우 투자 비중

[그림 1-6]처럼 기존 +One의 영향력이 약해질 무렵인 제2의 변곡점이 온다면, 차세대 주기의 1단계에는 100%가 차세대 절대우위를 선정하기 위한 투자로 연결되어야 한다. 그 연결이 매끄럽다면 차세대 절대우위에 본격적으로 집중하는 차세대 주기의 특이점이 기존 '절대우위+One'의 철수 시기라 할 수 있다. 그 이후로 차세대 절대우위의 획득 방법은 기존의 방식과 같다. 여기서 운이 좋아 +One 자체가 차세대 절대우위로 손색이 없는 드문 경우도 검토해볼 수 있다. 그런 경우는 많지 않겠지만 만일 그런 +One을 확보했다면 제2의 변곡점이 훨씬 뒤로 밀릴 것이다. 그러면서 동시에 이를 변환하여 차세대의 주기로도 표현할 수 있게 된다. 그럴 경우 기존 주기의 변곡점 이후부터 차세대 주기 1단계 전체를 온전히 100% 한 역량에만 집중할 수 있다. 이때는 조금 더 발 빠르게 차세대 +One에 대한 도입 검토를 할 수 있다.

한편 개인의 경우엔 이러한 주기 교체가 전 인생에 걸쳐서 그리 많이 일어나지는 않는다. 물론 미시적인 관점에서 수없이 변화하는 유행의 주기를 연마다 바꾸는 것을 '절대우위+One'의 관점에서 보자면 패션업계, 광고업계 등등 매 순간 성과를 내야 할 때 새로운 주기를 고려해야 한다. 하지만 거시적 관점에서 개인의 인생을 놓고 보자면, 자신의 절대우위를 연마하는 과정 자체가 해당 분야에서 입지를 구축하는 과정이다. 이처럼 약간 넓은 범위에서 볼 때 새로운 주기는 제2의 인생이라고 할 만한 변화가 있을 때 발생한다고 보았다. 대체로 평범한 사회인들은 생계를 꾸리기 위해 '절대우위+One'을 확보하려 한다. 대개는 직장 생활을 위해 경쟁력을 구축하는 과정일 것이다. 다만 이직과 같이 큰 변화가 생기는 시기에는 차세대 주기가 발생할 수 있다. 혹은 자기 사업을 하는 경우라든지, 노후를 꾸리는 경우를 새로운 주기로 보았다.

그런 관점에서 접근해보자면, +One의 투자는 한창 회사 생활에 탄력을 받을 시점으로 보아야 한다. 그때를 특이점으로 본다. 신입 사원 때는 1단계로 보아야 할까? 내 견해로는 대학 시절 또는 직장 생활 초기를 1단계로 보면 적절할 것이다. 그때 절대우위를 찾기 위해 노력하기 마련이다. 그런 뒤 어느 시점에 특이점이 온다. 절대우위를 확정하는 순간으로 대학생 시절 진로를 확실히 정하는 때를 특이점으로 볼 수도 있고, 회사 생활에서 확실히 경쟁에서 우위를 점하게 해주는 역량을 파악한 시점을 특이점으로 보아도 된다. 어쨌든 그때부터는 +One에 대한 투자가 30%쯤 배분되어야 한다. 그리고 한 사람으로서 모든 역량에 집중하기 어렵기 때문에 되도록 +One 은 절대우위 선정 역량의 대체재보다는 보완재 역할을 하거나 시너지 역할을 기대하는 경우가 많다.

만일 회사원으로 혹시나 해서 투잡으로 치킨 가게를 운영한다고 하면 좋아할 상사는 없다. 그러나 해외 바이어를 만나기 위해 보완재로 '어학'이나 '세계사' 공부를 한다고 하면 장려할 것이다. 현 업무에 방해가 되지 않는다면 개인의 발전을 위해 대학원을 다니는 것도 회사 측에서 허용해 줄 것이다. 그러한 투자는 결국 장기적으로 회사원 개개인의 역량 강화로 이어지고, 그것은 회사 입장에서도 회사원 역량 강화로 인하여 궁극적으로는 회사의 발전을 기대할 수 있기 때문이다.

이렇게 투자가 시작된 +One에 대해 집중적으로 투자하고 +One 이 힘을 발휘하는 때는 절대우위에 대한 집중 투자를 그치는 변곡점 시기부터다. 회사원 시기로 보면 말년일 수 있다. 혹은 이직 시점이기도 하다. 회사 생활 말년이라면 +One을 통해 퇴직 시기를 뒤로 미루는 것을 기대할 수 있다. 이직 시점이라면 개인의 절대우위 역량에 +One인 경력과 학위가 보태지면서 이직 경쟁력인 절대우위가 더욱 강화될 수 있다.

전 인생의 관점에서 보면, 회사원의 경우 대체로 중년 이후일 가능성이 높다. +One에 투자할수록 경력의 강화와 연장에 도움이 되는 것이다.

퀄컴에서 다시 불러주어 재입사한 사례는 처음이라 했다.

실직한 지 두 달 만에 옛 상사가 나를 불러주었다. 정말이지 앞으로는 어떻게 해야 할지 이런저런 생각이 많았는데, 아직은 더 할 수 있다는 생각에 기뻤다. 그리고 이번에는 나를 불러준 회사에 기여하되, 나 자신의 다음 주기를 생각해야 했다. 차세대를 생각하지 않았을 때 나는 도서관에 앉은 채로 한동안 가족에게 실직 사실을 말하지 못했었다. 당시 채근담을 곱씹어보며 인생의 지혜를 찾으며 마음을 다스리곤 했다. 그중 마음에 담은 구절이 있었다.

"은리 유래생해 고쾌의시 수조회두(恩裡 由來生害 故快意時 須早回頭), 패시 혹반성공 고불심처 막변방수(敗時 或反成功 故拂心處 莫便放手)"

뜻을 찬찬히 읽어 보니 "예로부터 재앙은 은혜 속에서 자라나나니, 만족스러운 때에 빨리 머리를 돌려 주위를 보라. 실패한 뒤에 오히려 성공할 수도 있나니, 일이 뜻대로 되지 않는다 하여 서둘러 포기하지 말라"는 문장이 마음에서 잔물결을 일게 했다. 당시 내 처지를 위로하는 말 같았다. 지혜서 《미드라쉬(שרדמ, Midrash)》에 나온다는 격언, 솔로몬의 격언으로도 알려진 "이 또한 지나가리라"와 맥락이 유사하기도 했다. 잘 될 때라면 그 승리에 취해 있지 말고 담담히 다음을 준비해야 하고, 혹시 패배했더라도 자포자기하지 말고 다음을 묵묵히 준비하면 될 일이었다.

물론 그동안 차세대를 인식하고 준비한 것은 아무것도 없었다. 그저 +One이라 여기고 박사학위 논문까지 마친 상태였을 뿐이다. 그런데 가만 생각해보니 운이 좋았다. 남들에게 검증된 길은 이유가 있었다. 독서와 글쓰기를 통해서 정보의 수집, 분석, 가공, 활용과 같은 안목의 향상으로 업무 자체에도 실질적인 도움을 받았고, 논문을 쓰면서 느낀 것이었지만 이것이 내 후반기 삶과 연결될 수 있겠다 싶었다. 즉 +One이기도 했지만 공부와 관련된 차세대 절대우위 후보가 될 수 있겠다 생각했다. 내 개인적으로 차세대 절대우위 후보를 찾기 쉽지 않아서 어쩌면 유일한 차세대 절대우위 후보이기도 했다.

그리고 그러한 검토를 해보고 나니 비현실적이지만은 않았다. 그래서 주간에는 업무를 보고, 일요일에는 더욱 집중해서 다국적기업 R&D 전략, 외국인직접투자(FDI), 벤처 활성화, 기술혁신, 지식경영, 인적자원개발(HRD), 지속가능경영, IT · 자동차 · 반도체 관련 심층 연구 및 학술 논문 구상을 했다. 일단 학회에서 논문을 지속적으로 발표하였고 이를 바탕에 두고 언젠가는 책도 쓰고 싶었다. 뭔가를 개념화하는 것을 늘 즐겼으며, 전문성은 더욱 정교해졌고, 직무를 할 때도 많은 도움이 되었다.

퀄컴에 재입사하여 다시 한 번 열의를 불태우며, 본사 경영진에게 자동차 사업에 진출하자고 강력히 설득하였던 것은 대표적인 사례다. 퀄컴을 퇴사한 후 회사의 핵심역량을 객관적으로 파악할 수 있었고 혁신 기업을 연구하다 보니 퀄컴의 새로운 투자 지점이 보였다. 그래서 한국법인이 앞장서서 2016년부터 신규 수주를 하였고, 퀄컴의 기술을 적용한 제품들이 2019년부터 출시되기 시작하였다. 지금은 퀄컴이 자동차 분야에서 뚜렷한 실력자로 인정받고 있다. 한국에도 자동차 전용 R&D LAB이 설립되어 전문적인 기술 인력이 보강되었고, 국내 주요 고객들과 윈윈효과를 만들어 내고 있다. 그런 공로가 인정된 덕분에 본사 부사장으로 승진도 하게 되었다.

이처럼 뜻하지 않은 실직으로 절대우위의 주기가 절벽의 형세로 추락할 줄 알았지만, 다행스럽게도 퀄컴을 통해 내 경력의 기존 주기는 조금 더 지속될 수 있었다.

급작스러운 실직에서 퀄컴으로 이직을 성공한 것은 +One이라 할 수 있을 전문성의 힘 때문은 아니었다. 오히려 그보다는 뜻하지 않게도 '열정을 통한 성공의 경험, 상사와의 유대감 등'이라는 기본값의 힘을 느꼈다. 오랫동안 동료들과 충실히 소통한 덕분이라고 해야 할 것이다. 주변의 많은 도움과 함께 기본값의 힘으로 급격히 꺾였던 그래프가 다시 정상 궤도에 올랐다.

일단 정상 궤도를 되찾고 나니 지사장 시절에 경험했던 전략적 사고와 판단력 등의 핵심역량과 +One이었던 리더십을 제대로 발휘할 수 있었다. 그동안 착실히 쌓였던 안목 덕분에 새로운 사업군이었던 자동차 사업에서 퀄컴의 기술을 적용할 수 있다는 판단도 할 수 있었다. 변곡점 뒤로 완만하게 하강해야 할 상황에서 회사에 기여할 만한 뚜렷한 성과를 낼 수 있었던 셈이다. 그렇게 다시 상승곡선을 그렸다.

그리고 아무런 고민 없이 틈틈이 공부에 매진했다. 안목을 넓힐 뿐만 아니라 글쓰기라는 즐거운 작업을 실천하는 과정이었다. 폭넓은 전공 공부와 차세대 절대우위의 후보로서 기존 절대우위인 '진심을 다한 열정'을 지속하면서 이를 성과로 증명하려 했고, 연구의 결과를 논문으로 증명하는 차세대 절대우위 준비 과정을 이어나갔다. 오랫동안 근무하다 보니 열정을 위해 억지로 해야 할 것은 없었다. 이미 습관이 들었기 때문에 회사에서 어떤 방식으로 일할 때 가장 성과가 좋은지 체득하고 있었다. +One(차세대)에 대해서는 따로 시간을 내야 했기 때문에 늘 주말에 신경 써야 했지만, 그 하나를 통해서 차세대까지 염두에 둘 수 있으니 매우 효율적이었다.

현재 차세대 주기는 1단계를 지나고 있다. 만약 특이점이 온다면 그때는 현업에서 은퇴할 시기일 것이다. 그 시점부터는 노후의 삶을 살 것이고, 그때는 본격적으로 공부를 통하여 얻은 자산으로 삶을 꾸리고 싶다. 그동안의 실무 경험과 전문 지식을 통해서 지식기반 자영업자로서 대학에서의 강의, 기업 컨설팅, 저술 작업에 쏟아 넣을 때를 생각하면 지금도 가슴이 설렌다.

사람은 저마다 발전 속도가 다른 것 같다. 청춘의 시절에 여러 번의 시행착오를 했고 다양한 삶을 경험하고 탐색하는 시간을 보냈다.

그런 뒤 나의 업을 늦게 찾았지만, 어제보다 오늘이 발전하고 있다는 것을 느낀다. 그래서 지금은 매 순간이 행복하다. 회사에서 여전히 하는 일에 만족하고 있고, 회사를 퇴사한 후의 불안함도 어느 정도 해소되었기 때문이다. 늘 하고 싶은 것을 하며 인생을 주체적으로 살 수 있다면 행복한 사람이라고 생각한다. 그런 사람이었다고 말하고 싶다, 훗날.

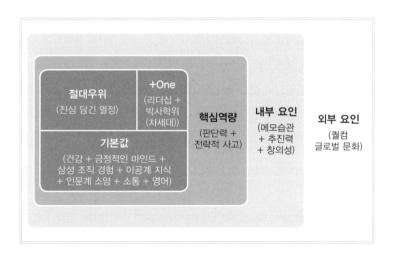

[그림 1-7] 퀄컴에서의 '절대우위+One'의 개념화

[그림1-7]은 퀄컴에서의 '절대우위+One'을 개념화한 것이다.

절대우위

: 압도적인 절대우위의 격차를 보이는 개인 또는 기업의 최우선 역량

첫째, 절대우위를 점하는 요소의 기술적 완성도가 100%에 가깝거나, 성과의 규모 면에서 압도적이다. 장인의 경지만으로도 절대우위를 말할 수 있지만 기업에서는 성과도 중요하므로 성과 면에서 압도적이라면 독보적이라 할 만하다.

둘째, 해당 분야의 순위 1, 2등 정도로 최상위권에 해당하는 경우가 많다. 또 가급적 1등이어야 절대우위 요건의 하나를 충족한다.

셋째, 후발주자와 압도적인 격차를 내야 한다. 권오현 삼성전자 종합기술원 회장의 〈초격차〉에 따르면, "넘볼 수 없는 차이를 만드는 격"이라고 할 수 있다.

+One

절대우위와 결합하여 절대우위 효과를 극대화하는 두 번째 역량. +One은 기존 절대우위와 "내부적으로 최적화할 수 있는가?", "시장에서 고부가가치인가?", "경쟁자와 비교해서 생산성이 높은가?" 등을 고려해야 한다.

특이점과 변곡점

특이점(Sigularity)이란, 말 그대로 특이한 현상이 나타날 때를 말한다. 물리학에서는 특이한 물리적 특성이 발견되는 경우라고 한다. 본 책에서는 대내외 환경의 급격한 변화가 도래한 때를 특이점으로 보고, 개인 또는 기업의 본격적인 성장과 경쟁력 강화를 위해 '절대우위' 역량을 집중적으로 개발해야 하는 시점이라 할 수 있다.

변곡점(Point of Inflection)이란, 함수의 그래프에서 기울기의 볼록성이 변하는 부분이다. 수학적 의미로는 곡선이 오목에서 볼록으로 변하는 지점이다. '절대우위'의 역량으로 개인 또는 기업의 경쟁력을 증가시켜 오다가 변곡점을 맞이할 때, 미리 준비해 놓은 '+One' 또는 '차세대' 역량을 통하여 경쟁력 유지 및 지속적 성장을 할 수 있다.

+One의 세 가지 유형

첫째, +One으로 보완재의 효과를 기대해볼 수 있다. 함께 생산해야 성과가 극대화된다. 예) 프린트+잉크 사업

둘째, +One으로 대체재의 효과를 기대해볼 수 있다. 위험 부담을 덜어준다. 예) 소주+맥주 사업

셋째, +One으로 시너지의 효과를 기대해볼 수 있다. 윈윈 효과를 일으킨다. 예) 통신망+사물인터넷 사업

기본값

이미 투자할 필요 없이 내면화된 절대우위나 +One이었거나, 승리의 경험, 축적된 지식 등 자체적으로 긍정적인 영향을 지속적으로 주는 요인을 뜻한다. 기본값이 많으면 그만큼 기초 잠재 역량이 높고, '절대우위+One'에 도움이 될 때가 많다. 간혹 기본값의 경험에 안주하여 오히려 새로운 도전에 장애가 되기도 한다.

차세대 '절대우위+One' 주기를 통하여 지속가능한 경쟁력 확보를 꾀한다.

PART
II

'절대우위+One' 전략의 분야별 적용

PART
II - 1

자기계발적 차원의
지속가능한 '절대우위+One'

지금까지 PART I 에서는 '절대우위+One'에 대해 이론적인 내용을 살펴보았다. 그러면서 이러한 이론이 도출된 배경이었던 경험에 대해서 연결하여 소개했다.

PART II 에서는 PART I 에서 논의한 내용을 바탕에 두고, 자기계발적 차원과 경영학적 차원에서 개인과 기업을 검토하려고 한다. 우선 자기계발적 차원은 내 경험적 요소를 유명인 등에게 확장 · 적용하여서 그들이 어떻게 절대우위를 확보했는지, +One은 어떤 것인지 살펴볼 것이다. 또 이것을 지속가능하게 하기 위한 자기혁신을 하는 방법을 알아보고, 사회인으로서 어떤 기여를 하는 것이 결과적으로 개인의 삶에 긍정적인 영향을 주는지 짚어보려고 한다. 즉 부단한 자기혁신을 통하여 자신 속에서 최대의 것을 이끌어 냄으로써 경쟁력을 강화하고 올바른 삶의 방향으로 향해 나아갈 때 비로소 건전한 사회인으로 행복을 느낄 수 있을 것이다.

물론 그 목적이 조금 거창해지고 생각해야 할 범위가 커지더라도 결국에 가장 핵심적이고 견실한 출발점은 자기여야 할 것이다. 자기 자신에 집중하여 자기 자신을 혁신할 때 우리는 매 순간 새로워질 수 있다. 자기혁신의 의미는 곧 '익숙한 것과의 결별'을 의미한다고 볼 수 있다. 절대로 쉬운 일이 아니기에 자기 자신을 혁신하기 위해 많은 노력과 시간이 필요하다.

자기혁신

[그림2-1] 자기계발적 차원의 지속가능한 '절대우위+one'을 위한 필수 3요소의 정의

 지속가능한 '절대우위+One'을 위한 필수 3요소

  사람은 살면서 절대우위와 +One을 선정하곤 한다. 더 나은 인생을 살고자 하는 바람 때문이다. 이러한 절대우위와 +One을 선정하는 기준과 시기가 있기 마련이고, 그것을 획득하는 방법 역시 있다. '절대우위+One'은 짧은 주기로 이뤄지는 게 있고, 전 인생에 걸쳐

이뤄지는 게 있을 텐데, 여러 주기가 오는 경우에는 특히 차세대 주기를 잘 안착시켜야 지속가능한 경쟁력을 확보할 수 있다. 이를 위해서는 '절대우위+One'을 획득하고 유지하며 갱신하는 과정에 충실해야 한다. [그림2-1]에서와 같이 이 과정을 콘텐츠의 관점, 관리의 관점, 내면화의 관점, 세 가지 요소로 살펴볼 수 있다.

우선, 콘텐츠는 자기혁신의 가장 중요한 지점이다. 콘텐츠는 절대우위와 +One을 계발하려는 과정이다. 콘텐츠를 계발하고 혁신하는 것은 사실 절대우위와 +One의 계발하는 시작점이자 거의 모든 것이라고까지 말할 수 있다. 이것을 온전하게 파악하지 못한다면 세월을 허송할 수 있다. 잘못된 콘텐츠에 붙들려 있다가 자신의 적성과 맞지 않은 탓에 시간을 낭비하거나 더 나쁜 상황에 몰리기도 한다. 그런 경우라면 차라리 무력하게 세월을 보내는 편이 나을 수도 있다. 자신이 경쟁력을 갖출 콘텐츠를 잘못 찾을 경우 끔찍한 일에 자기 능력을 쏟아낼 수도 있다. 자기계발을 한 게 아니라 자기패망을 한 것이요, 자기혁신이 아니라 자기실신의 늪으로 빠지는 셈이다.

대개는 자기혁신을 위해 고부가가치이면서 적성과도 잘 조응하는 재주를 발굴하기 위하여 노력할 것이다. 때로는 그 재능이 올바르지 않아서 그보다 못하지만 사회친화적인 능력을 발굴해야 할 수도 있다. 이러한 콘텐츠를 발굴하기 위해 우리는 많은 시간 진로를 고민한다.

둘째, 관리는 전 단계에서 콘텐츠를 선정하고 나서 구체적인 확보를 위하여 세우는 실행 계획부터, 지속적인 유지 계획 등 전반적인 노력을 뜻한다. 또한 다른 능력이나 기본값으로 연결화하여 더 유기적으로 실력을 향상하는 단계이다. 이때 기본값을 검토하고 절대우위를 점할 콘텐츠를 획득하기 위해 PART I 에서 거론한 여러 방법 중 알맞은 것을 채택해야 한다. 개인의 경우이므로 해당 콘텐츠의 전문가를 초빙하는 등의 방법으로 그 기술을 전수받는 과정을 흔히 생각해볼 수 있다. 이미 어느 정도 확보하고 있는 역량이라면 자체적으로 매일 훈련하는 경우를 염두에 둘 수 있다. 이는 사실 그리 어렵지 않아 보이지만 직접적인 실천 과정이므로, 가장 치열하게 실천해야 하는 지점이기도 하다. 확실히 쟁취해야 할 목표 지점을 향해 치열하게 달려야 하는 순간이다.

설령 매력적인 콘텐츠를 발굴하지 못했더라도 당장 해야 할 일이 있다면 그것을 수행해야 한다. 적어도 대다수는 자신에게 지금 주어진 일이 있다. 그 일을 수행하고 지속적으로 실천하려는 노력은 늘 요구된다.

셋째, 내면화는 결국 콘텐츠를 발굴하고 그것을 획득하기 위한 노력을 통한 뒤 얻어내는 결과이다. 더 나아가 '축적된 승리의 역사를 지속하게 하는 경지'로도 표현해볼 수 있다. 즉 단순히 콘텐츠를 숙달하는 수준이라면 1단계에 속한다. 그런 수준은 단기적으로 항상 달성하려는 목표로 삼아야 한다. 콘텐츠의 영역에서 최고의 경지에 오르려는 노력이 '숙달'의 단계일 것이다.

온전히 내면화하려면 첫 번째 단계인 '숙달'을 거친 뒤, 두 번째 단계인 '축적'의 과정을 거친다. 처음에는 갖가지 콘텐츠를 숙달하려는 노력을 했을 것이고, 때로는 좋은 성과를 올렸을 것이다. 그러한 기억이 몸에 축적되는 것이다. 그러한 사례가 많다면 자신감도 생기고, 때로는 자신의 명성과 배경이 되기도 한다. 이러한 성과가 워낙 크다면 후대에까지 영광이 되기도 한다. 물론 이러한 경우도 외부 시선으로 평가하기에 따라 그 중요도가 달라진다. 따라서 축적된 성과에 대한 평가에선 외부 요인도 개입하기도 하지만, 적어도 축적된 성과가 충실하지 않다면 외부의 관심조차 불가능할 일이다. 결국 축적의 단계에서 쌓이는 명성과 배경은 명불허전(名不虛傳)임을 입증하는 것으로부터 시작된다. 해당 축적의 성과가 진짜여야 하는 것이다. 물론 명성이 워낙 공고해져서 한두 사건쯤 실력이 과대포장된 경우도 있을 수 있지만, 그런 경우가 많아지면 결국 명성은 무너지고 만다.

이러한 축적의 과정을 거치고 나면, 마지막 단계인 '지속'의 경지에 이르려고 노력하게 된다. 사실 내면화의 수준이 압도적으로 깊어지면, 지속조차 할 의지 없이 그냥 자신의 기본값으로 그 역량이 남게 되지만, 그러한 경우는 드물다. 순간 방심하면 짧은 순간에 사라지는 역량부터 오래도록 방치하면 쇠락하는 명성까지 대개의 요소는 지속적으로 관심을 기울여야 한다. 더 나아가 단순한 관리의 차원을 넘어 깊이 내면화된 역량을 활용하여 더 새로운 가능성을 모색할 수 있다. 누구나 '내면화의 내면화'라고 할 만한 기본값화를 원하겠지만 현실에서는 '신념을 지니고 새로운 발견을 지속하는' 행동이 필요하다.

하나의 역량이 정교해지고, 그것이 안정적으로 내면에 축적되고 나면, 각종 역량을 결합하여 새로운 발견이 가능해지기 마련이다. 그때 기존의 역량도 퇴보하지 않을 뿐만 아니라 오히려 새로운 가치를 얻기 마련이다. 만일 자신의 콘텐츠를 믿고 설령 비난을 받더라도 그것을 꿋꿋하게 헤쳐 나갔다면, 내면화의 관점에서 매우 탄탄한 수준을 보여준 것이라 하겠다. 이럴 때 '축적된 승리의 역사를 지속하게 하는 경지'로서 내면화가 완성된다고 하겠다. 개인의 차원에서 볼 때 당장 자신의 뛰어난 능력을 세상에 입증하지 못했더라도 꾸준히 지속하려는 의지가 필요한 셈이다. 또한 능력을 인정받았더라도 방심하지 말고 숙달된 능력을 응용하는 등 안정된 확장을 지속적으로 보여줄 때 하나의 역량을 온전히 자기 것으로 만들었다고 평가할 수 있다.

이처럼 '절대우위+One'을 선정하고 획득하는 과정은 콘텐츠의 단계, 관리의 관점, 내면화의 차원에서 바라볼 수 있다. 콘텐츠의 단계를 성실히 이행하면 당연히 가장 중요한 경쟁력을 확보할 수 있다. 아직은 모호했던 잠재력 등이 명시화되는 효과가 생긴다. 진짜 절대우위가 될 수 있는지 판가름 나는 단계라 할 수 있다.

실패는 또 다른 성공의 밑거름이 되기도 하고, 훗날 기본값이 될 만한 유력한 역량이 다듬어지는 순간이기도 하다. 또한 관리의 관점에서는 실천 능력이 매우 중요하다. 또한 알맞은 조력자를 잘 찾아야 한다. 티끌 모아 태산이라고 했듯이 이때는 끈기를 가지고 모든 걸 묵묵히 견뎌야 한다. 내면화의 관점에서는 그 기술을 온전히 숙달하는 것을 목표로 삼을 수도 있으며, 그것을 기본값으로 할 만큼 긍정적인 추억을 얻고 무형의 가치까지 획득하여 인생의 유의미한 값으로 만들어내는 것에 초점을 맞추어야 한다.

이러한 세 요소가 긴밀한 균형을 갖출 때 최고의 성과를 낼 것이다. 대부분의 성공한 사람들도 이러한 세 요소의 균형감을 보인다. 성공한 기억인 내면화를 통하여 그들은 자부심을 느낀다.

 ## 절대우위 후보 검토 때도 3요소는 중요하다

3요소인 콘텐츠, 관리, 내면화의 단계는 '절대우위+One'을 획득하고 지속가능하게 하는 역할 외에 부가적인 역할도 있다. 콘텐츠의 관점에서 핵심역량을 추려서 절대우위를 검토하려고 할 때, 내부에 보유한 콘텐츠, 관리유지 능력, 내면화 역량 등의 지점에서 절대우위 후보를 추출해볼 수 있다. 즉 절대우위는 그냥 눈에 띄기도 하고, 외부에서 적극 끌어와야 하기도 하지만, 그 전에 3요소의 지점부터 검토해보는 것이 효율적이다. 원래는 '절대우위+One'의 지속가능을 실현하려 할 때 균형적 접근의 방식으로 필요한 요소이지만, 자체가 내부 역량이므로 '절대우위+One'의 지속가능에 기여하는 요소부터 그 잠재력을 검토해봐야 하는 것은 필연적이다. 단순히 내부의 핵심역량을 검토하는 게 아니라 내부에 보유한 콘텐츠, 관리유지 능력, 내면화 역량 등의 지점을 살피면 알맞은 핵심역량이 도출될 가능성이 높다.

우선, 콘텐츠의 지점을 살펴보았을 때 일반적으로 이 지점에서 절대우위를 추출하는 것이 자연스럽다. 애초에 본질적으로 특정 역량을 발굴한다고 할 때, 기술적 능력을 연상하기 쉽고, 그러한 면모로 압축된 지점이 콘텐츠 영역이기 때문이다.

흔히 사람들은 "그 아이는 성적이 좋아", "그 아이는 운동을 잘해", "그 아이는 연기를 잘해"라면서 주로 콘텐츠적인 성격을 그 사람의 경쟁력으로 짚어줄 때가 많다. 보통 우리가 주목하는 많은 유명인들은 대개 자기만의 콘텐츠를 지닐 때가 많다. 그러므로 일반적으로 자기계발을 위해선 우선 콘텐츠의 지점을 검토하여 자신에게 발굴할 만한 잠재 역량이 어떤 것인지 파악할 필요가 있다. 그 중에 고부가가치인 것이 있다면 금상첨화일 것이다. 물론 반사회적인 재능이라면 배제해야 할 것이다.

둘째, 관리의 지점을 보자면 그저 개인이 '목표를 세우고 계획을 관리하는' 능력 정도를 생각해볼 수 있다. 사실 이것은 누구에게나 당연히 요구되는 요소이므로, 특출한 기술적 경쟁력이라 하기는 어렵다. 하지만 이것이 각종 경쟁 요소이자 지식을 연결화하는 탁월한 능력일 경우엔 사정이 달라진다. 그럴 경우 평범한 역량을 잘 조합하는 압도적인 재능일 수도 있다. 이 자체를 콘텐츠 영역에 넣어서 다룰 수도 있으나 이 책에서는 이 영역을 관리의 지점으로 놓았으므로 이 지점에서 다룬다. 개인의 차원에서 좋은 조력자를 찾는 걸 이 지점에 포함할 수 있다고 하였는데, 각 콘텐츠적인 능력을 지닌 사람들에게 최적의 리더십으로 다가가려면 관리의 지점에서 조력자로서 탁월한 역량을 보일 수도 있다. 그런 사람이라면 자신의 일상에 대해 계획을 잘 세우고, 반드시 실천하고, 각 상황을 적절하게 조합하여 효과를 극대화하는 것을 즐길 것이다. 개인적으로는 실천 능력으로 드러나고 외부와는 의사 전달 능력과 동기 부여 능력으로 드러날 만한 역량이다.

셋째, 내면화 지점의 경우엔 숙달, 축적, 지속의 단계 중 주로 지속의 단계에서 역량을 추출해볼 수 있다. 숙달을 위한 것은 콘텐츠의 지점이고, 축적의 경우엔 자신의 실력을 확보하는 것만큼이나 외부의 시선(외부 요인)에도 좌우된다. 운 좋게도 외부의 시선에 따라 사람들이 자발적으로 한 개인의 명성을 드높여주고 인정해준다면 자연스럽게 해당 개인의 절대우위가 되겠지만, 의식적으로 명성 등을 절대우위로 키우려면 아무래도 콘텐츠 영역이나 관리의 지점에서 고민할 여지가 있다.

그런데 '축적된 승리의 역사를 지속하게 하는 경지'로 내면화를 보자면, 내면화의 완성에 유용한 역량을 추출해볼 수 있다. 대표적으로 '신념과 자부심'을 들 수 있다. 이러한 요소가 확고하다면 웬만해서는 숙달의 단계에서 포기하지 않고 명성의 축적을 지속하게하는 뚝심이 생기기 마련이다. 즉 오래도록 축적된 승리의 역사(명성)를 지속하게 해줄 '자부심' 혹은 시련을 버티게 해줄 '신념' 자체를 절대우위의 후보로 삼을 수 있다. 예를 들어 민속 장인으로서 전통문화 차원에서 중요한 기예를 전승하기 위해 다른 세속적 고려조차 하지 않을 수 있었다면, 이는 해당 분야에 대한 '신념과 자부심' 때문에 가능한 일이다.

'절대우위+One'을 선정할 때는 PART I 에서 언급했듯이 선정 기준, 시기, 획득 방법 등 다양한 요소를 고려하여야 할 텐데, 이때 콘텐츠, 관리, 내면화의 관점에서 점검해보아야 할 것이다. 이 세 요소가 '절대우위+One'를 지속가능하게 받쳐주는 주춧돌 역할도 해주지만, 절대우위 자체를 추출하는 중요한 지점이 되어주기도 할 것이다.

자기혁신의 사례1: 스포츠 스타

자기혁신의 사례 중에서 우리에게 가장 친숙한 유형 중 하나가 스포츠 스타다. 특히 실력을 키우기 위해 각고의 노력을 했기에 자기계발적 사례로 안성맞춤일 것이다. 사실 이들은 절대우위에 대해 엄청난 잠재력을 지닌 경우가 대다수다. 애초에 일반인 수준이었다가 엄청난 노력을 기울여 세계적인 스포츠 스타가 된 경우는 매우 드물다.

보통 자기만의 기술을 절대우위로 끌어올리는 것에 전력을 기울이다 보니 몸이 정상이 아니라 오로지 해당 스포츠에 맞춘 몸으로 변형된다는 점에서 고통스러운 장인의 모습을 떠올릴 수 있다. 이러한 절대우위를 유지하는 것도 힘들고, 평생에 절대우위를 여러 개 확보하는 것 역시 만만치 않다. 농구를 잘하면서 야구를 잘한다는 것은 정말로 드문 일이다. 피겨스케이팅을 하면서 아이스댄싱까지 석권한다는 것은 실제로 불가능에 가깝다. 이종격투기 선수가 여러 체급을 오가며 챔피언을 한다는 것도 현실적으로 어렵다. 그만큼 한 종목에서 요구하는 절대우위의 요소를 유지하는 것도 어려워 전설적인 스포츠 스타가 많지 않다. 그러한 기본 기술 커트라인을 다 넘고서 2등과도 현격한 격차를 벌려야 한다는 것은 웬만해서는 쉽지 않다. 애초에 콘텐츠의 지점에서 천재성을 요구받곤 한다. 그리고 그 기술적 내용도 구체적으로 정해져있다. 권투선수라면 주먹이 세고 빠른 발과 맷집을 갖춰야 한다. 피겨스케이트 선수라면 대회 때 쇼트와 프리 종목에서 요구하는 기술적 요소를 점검해야 한다.

스포츠 스타의 콘텐츠가 지닌 특징은 너무도 새롭거나 패러다임을 뒤흔드는 기술보다는, 이미 있으나 잘 실현하기 어려운 것을 달인의 경지로 숙달해야 하는 요소인 셈이다. 그리고 이러한 콘텐츠를 발굴해놓고도, 많은 경우 개인의 역량으로 머물곤 한다. 잘 전수하기 어렵다. 쌓이는 것보다 잃는 것이 더 많고, 심지어 당사자로서도 쉽게 잃을 수 있다.

김연아의 사례만 보더라도, 미시적으로 콘텐츠의 자기계발 측면으로만 좁혀서 +One을 검토해보자면 그의 절대우위는 혼이 담긴 연기력이다. 거기에 전매특허가 된 연아스핀을 +One으로 볼 수 있을 것이다. 여기에 기본값으로 폭발적인 점프력과 기본기를 들 수 있다. 이는 숙달의 의미로 내면화한 것으로 약간의 지속적인 관리가 필요하다. 계속 방치하면 어느 순간 뼈아픈 참담한 결과의 시작점이 될 수도 있기 때문이다.

일반적인 평가를 보자면 김연아는 한국에 갑자기 뚝 떨어진 보배라는 말이 잘 어울린다. 한국의 피겨스케이팅 육성 시스템을 통해서 탄생한 천재라기보다는 그냥 개인적으로 돌출한 천재라고 해야 한다. 그러한 그였지만 스포츠 스타의 특성답게 무수한 노력 없이는 그 천재성을 끌어올리지도 못하고 유지하는 것은 더더욱 어렵다. 그가 이러한 천재성을 효율적으로 끌어올리기 위해서는 세계적인 지도자를 관리자로 두는 것 역시 필요했다. 스스로 철저하게 관리하는 것은 말할 것도 없다. 숙달이라는 의미로 그의 내면화 수준은 유명한 말로 대변할 수 있다. 그가 최고의 테크니션이자 영혼을 연기하는 피겨 예술가가 되기까지는 피나는 노력도 있었겠지만 어느 순간부터는 철저한 계획을 통한 훈련을 하였고, 나중에는 그냥 버릇처럼 운동을 한다. 한 영상을 보면 영상 촬영자가 묻고 있다. "무슨 생각하면서 운동 해?"라고. 그랬더니 김연아가 답한다.

"무슨 생각을 하기는, 그냥 하는 거지."[20]

하루라도 운동을 안 하면 이상하다는 느낌이 들 만큼 운동선수들은 자신이 강하다고 여기는 절대우위를 최고의 경지로 끌어올리기 위해 내면화된 습관을 몸속에 뿌리박는다. 관리자와 함께 자신의 재능을 효율적으로 극대화하기 위해 늘 관리하면서, 그 습관을 몸에 깊이 익히는 훈련을 한다. 그 결과 세계적인 성취를 해낸다. 이는 궁극적인 내면화의 경지일 것이다. 세계인이 사랑하는 김연아는 이제 한국 스포츠사의 전설이 되었고 한국 피겨사뿐만 아니라 세계 피겨사에서도 유의미한 족적을 남겼다. 김연아라는 이름만으로도, 그는 한국 피겨의 상징인 셈이다. 웬만해서는 변하지 않을 내면화인 셈이다.

류현진의 경우에도 콘텐츠 측면에서 다양한 구종을 익히기 위해 꾸준히 노력했다.[21] 사실 야구선수라면 투피치 선수로 남기를 원하지 않는다. 두 구종만을 구사하는 선수인데, 이런 경우는 구질이 단조로워진다. 타자를 현혹시키려면 여러 구종을 구사하면서 흐름을 깨놓아야 하는데 두 구질밖에 없다면 교란 전법이 아무래도 단순해질 수밖에 없다. 현실적으로 투피치 투수로 경쟁이 치열한 프로야구계에서 버티기 어렵다.[22]

원론적으로만 보자면 하나의 필살기, 그러니까 타자가 알고도 도저히 칠 수 없을 절대우위에 오른 수준의 필살기, 그리고 거기에 변화를 주는 수준급의 +One만 있으면 충분하다는 입장도 있다.[23] 문제는 그런 수준에 오르기 어렵다는 것이다. 또한 투수가 항상 몸 상태가 좋은 것도 아니기 때문에, 여러 장기가 있다면 도움이 된다. 다각화 전략인 셈이다.

그런데 정확히 보자면 이 역시 '절대우위+One'의 전략으로 기술을 습득할 수밖에 없다. 기업이라면 강한 자금력으로 여러 사업을 동시에 벌일 수 있겠지만 사람의 몸으로는 한계가 있다. 아무리 뛰어나도 이건 어쩔 수 없는 한계다. 그래서 절대우위에 집중해야만 하고, 구종을 한 번에 여러 개 익히기 어렵다. 그렇게 절대우위 구종에 하나씩만 덧대어서 새로운 구종을 익혀 장착하다 보면, 나중에는 특별히 훈련하지 않고도 어느 정도는 구사할 만한 기본값 수준에 이를 수도 있다. 그러면 새로운 +One의 구질을 익히는 것으로 절대우위 훈련에 호흡을 맞춰야 할 것이다. 기본값 역시 궁극적 내면화에 이른 수준은 아니어서 계속 숙달의 유지를 위해 환기해야 하지만, 오랫동안 숙련하는 과정을 거쳤다면 여러 구위를 수준급 이상으로 활용할 수 있게 된다. 천재적인 선수도 부지런해야 하는 이유다. 즉 미시적인 선택에서도 언제나 '절대우위+One'의 관점을 적용하면 효율적인 운용이 가능해진다.

손흥민의 경우도 김연아처럼 절대우위를 진정으로 실현했다기보다는, 류현진처럼 절대우위를 증명하기 위한 순항의 길에 있다고 해야겠다. 그 어떤 기술도 최고 경지까지는 아니지만 최상위 클래스에 있기 때문이다. 사실 축구처럼 프리미어리그, 프리메라리가, 세리에A, 분데스리가처럼 유럽 전역에서 높은 인기를 누리는 스포츠에서는 아주 걸출한 선수들이 세계 각지에서 몰려든다. 이런 선수들 모두가 각자의 포지션에서 절대우위에 이르기 위해서 노력한다. 그리고 그 데이터는 매일 갱신되어서 명료하게 우리 앞에 펼쳐진다. 더구나 손흥민처럼 역동적인 단체 스포츠를 하는 경우엔 팀 동료의 도움도 절실하다. 단순히 자기만 잘한다고 되는 것이 아니라 팀 동료와의 호흡이 중요해지는 것이다. 그들의 사고방식도 배울 필요가 있는 셈이다.

즉 손흥민은 축구에서 스트라이커라든지 또는 미드필더에게 요구되는 비교적 명확한 기술을 배우는 것이 최우선적이다. 아주 예외적인 경우가 아니라 절대우위를 통하여 새로운 가치로 패러다임을 바꿀 만한 수준의 천재 중의 천재가 되기는 어렵다. 그런 것은 메시나 펠레쯤의 선수처럼 손꼽히는 전설적 선수에게만 주어진 기회일 것이다. 그렇다고 절대우위를 놓아버릴 수도 없다. 절대우위를 향해 달려가는 과정에 충실하다 보면 2등도 하고 3등도 할 수 있기 때문이다. 애초에 적당히 현실적인 전략을 짰다가는 낭패를 보기 쉽다. 현실적인 수준이 아니라 비현실적으로 보일 만큼 높은 목표를 잡은 뒤 그것을 이루는 과정을 단계적으로 현실적으로 해야 한다. 이때는 중간마다 분명한 숫자로 성과를 파악하는 노력이 필요하다. 손흥민은 그렇게 어린 시절, 유럽에 진출했고 유망주 꼬리표를 떼고도 독일에서 단단하게 성장하는 과정을 거쳤다. 그리고 프리미어리그에 입성했고 해가 다르게 성장하고 있다. 이제 그는 토트넘의 간판이 되었고, 그의 출전 여부에 따라 팀의 성패가 결정될 정도로 대단한 선수로 성장했다. 더는 한국의 선수가 아니라 프리미어리그의 주축 선수가 된 것이다. 여전히 최고의 선수 반열에 올려놓으려 할 때는 많은 반론에 부딪히지만, 또 토트넘에는 여전히 해리케인이 있지만, 그는 분명 자기 역할을 확실히 해내며 자타가 공인하는 절대우위의 근접 수준까지 올랐다고 할 수 있다. 그는 주로 주력, 볼 키핑력, 어시스트 능력, 골 결정력 등 축구에서 요구하는 기술 능력을 최고로 끌어올리려고 노력할 것이다. 이건 모든 축구 선수들이 공통적으로 집중하는 것이겠다. 그런데 축구에서는 이에 못지않게 팀원과의 조화가 중요하다. 그래서 단체 스포츠 선수의 +One은 팀원 간의 소통 능력일 수도 있겠다. 손흥민도 그랬다. 손흥민의 경우, 독일어를 잘했고, 유사한 문화권에 있기 때문인지 영어도 금방 습득한 것 같다. 무엇보다도 오랫동안 외국 선수와 있으면서 고립되지 않는 성격으로 성장한 것으로 보인다. 천성일 수도 있겠지만 편견을 지닐 수 있는 다른 문화권 선수와 유대를 맺으려면 아무래도 신경을 써야 할 게 많다. 이러한 상황에서 천성이 낙천적이고 승부욕이 있고, 담대하고 집중력이 높은 기본값을 바탕에 두고, 팀에 녹아드는 친화력을 +One으로 개발했던 것으로 보인다.

마이클 조던은 그 스스로도 경이로운 존재였지만, +One에 관해서 이보다 행운의 존재도 없을 것이다. 그는 어렸을 적부터 운동에 관한 한 여러 재능을 보여서 농구와 야구 모두 프로로 전향할 수 있을 만큼 출중한 실력을 보유했다. 오타니 쇼헤이처럼 타자와 투수에서 모두 발군인 경우라면 류현진도 아마추어 시절까지는 그랬다. 오타니 쇼헤이가 메이저리그에서도 통할 만한 투타 실력을 갖춘 것이 다르다면 다를까, 어쨌든 야구라는 종목 안에서의 일이다. 그런데 마이클 조던은 미국이라는 스포츠 종주국에서 특히나 자부심 강한 두 종목 농구와 야구 모두에서 프로에 입단할 실력이 있었다. 그 중 농구를 택했고 대학농구 때만 해도 유망주 중 하나였지만 끝내 전설적인 3연패의 위업을 달성한다. 그리고 +One이었던 야구에서도 같은 꿈을 이루고자 1년간 야구로 외도를 하였고, 시원찮은 성적을 받아들고 농구 코트로 귀향하여 또 다시 3연패의 위업을 달성한다. 이쯤 되면 과연 흉내낼 스포츠 스타가 얼마나 있을까 싶다. 이 모두 절대우위에서 다룰 만한 콘텐츠의 지점에서 선택의 폭이 넓었다는 의미니 말이다. 물론 그는 다행스럽게도 농구에서 절대우위를 증명했고, 이 관점에서 보자면 그는 관리의 측면에서 스코티 피펜 등 그를 지원사격할 강력한 팀원을 만난 덕분에 그의 역량을 극대화할 수 있었다. 농구에서 그의 +One은 그를 잘 받쳐주는 팀원들이었다. 이처럼 관점의 폭을 미시적으로 하느냐 거시적으로 하느냐에 따라 +One에 관한 논의는 다채로워진다.

예를 들어 조금 더 넓게 보아 전 인생의 관점에서 거시적으로 +One을 생각해보자. 그럴 경우 스포츠 스타는 조금 이색적인 처지에 속한다. 인생의 황금기는 보통 20대에 모두 거치기 때문이다. 심지어 피겨의 경우엔 20대 초반에 전성기가 끝난다고 할 수 있다. 그럴 경우 그 후반의 삶을 자신의 명성에 의지해 살아야 하는데, 그것만으로는 경제적으로는 불안한 처지인 것이 당연하다. 전성기 때 충분히 재산을 모아둔 예외적인 사례보다는 그렇지 못한 선수들이 훨씬 많을 것이다. 또 재산을 충분히 모았다고 해도 오로지 운동만 해야 하던 스포츠 스타로서는 경제관념이 부족하여 사기를 당하거나 낭비벽으로 말년에 고생하는 경우도 있다.

어쩌면 스포츠 선수는 가장 화려한 시기를 아주 짧고도 젊은 시기에 보내고 그 뒤를 묵묵히 견디며 사는 존재들일 수도 있다. 화려하고도 풍족하게 사는 스포츠 스타는 그렇게 많지 않다. 심지어 스타 중에도 사기를 맞아 불우한 처지에 놓인 경우도 있다. 그런 사례에 비하면 자신의 종목에서 감독이나 스포츠 외교관 등으로 성공한 경우는 축복받은 것일 수도 있다. 김연아, 손흥민, 류현진을 더더욱 응원하는 이유다. 그들의 삶은 이미 전설이지만 그것을 받치는 제2의 인생 자체도 여전히 아름답기를 바라는 것은 팬이라면 인지상정일 것이다.

여담으로 스포츠 선수라 하기는 어렵지만 바둑기사 **이세돌**의 은퇴라는 조금 독특한 사례를 소개해볼까 한다. 보통 개인의 출중한 기량으로 세상에 이름을 알린 경우 일반적으로 콘텐츠에서 절대우위를 획득한 경우가 가장 많다. 그리고 그 기량을 안정화하기 위해 +One의 중요성도 무시할 수 없으며 스포츠 선수라면 이른 나이에 새로운 삶을 살아야 하면서 다른 걸 준비할 여력이 없는 편이기에 +One과 차세대적 모색에 집중하는 게 현명했다. 그런 면에서 보면 이세돌 역시 다르지 않지만, 그는 계속해서 바둑을 둘 수도 있다. 바둑기사는 나이가 들어도 바둑을 두는 데에 큰 문제가 없기 때문이다. 또한 그가 출중한 역량으로 천재 기사로 이름을 날렸지만 그가 다른 천재 기사들과 구별되는 것은 알파고를 유일하게 이겼을 뿐만 아니라 인간적인 품위를 지켰다는 점이었다. 그의 절대우위는 이러한 역량, 실패에도 의연하고 인간적인 의지를 우리에게 선물해주었다는 기억, 즉 내면화 요소가 +One으로 작용하면서 '인간으로서는 절대우위를 지녔지만' 기계에게는 패했던 실패의 순간에 역설적으로 그의 명성이 빛났다. 이처럼 내면화는 자신의 요소이기도 하지만 누군가 그것을 봐주는 안목도 있어야 한다. 그 가치를 모른다면 실패했다고 야유했을지도 모른다.

또한 **최경주** 선수 역시 기억에 남는다. PGA에 진출하면서 한국 남자 골프의 저력을 알렸던 선수이기 때문이다. 최근에는 50세부터 시니어 투어 시드도 확보했을 뿐만 아니라, 골프 황제 타이거 우즈가 주최한 대회인 미국 PGA 투어 AT&T 내셔널에서 최경주는 짜릿한 역전 우승을 하며 세계 골프 팬들에게도 강렬한 인상을 주었다. 그는 세계적인 선수들과 경쟁하며 자신의 절대우위로 벙커샷 기술을 확보하고 있으며, +One으로 '탱크정신'으로 불리는 불굴의 의지를 키워왔다. 타이거 우즈가 IMG와 나이키의 지원 속에서 탄탄하게 골프 실력을 쌓아갔다면, 최경주는 학비 면제를 받기 위해 어릴 적에는 역도를 하기도 할 만큼 학비 문제를 스스로 해결해야 했다. 독학으로 골프를 익혔고, 선배들의 스윙을 배우고 손님이 없는 시간에 실력을 키워야 했다.[24] 그의 기술적 능력이 콘텐츠적인 요소였다면, 이러한 놀라운 입지전적 성공은 내면화의 요소로 꼽을 수 있다. 그는 고귀한 인간승리의 한 사례인 셈이다. 그의 성공 자체가 감동적인 스토리가 될 만하다. 이처럼 그는 객관적으로 보아도 훌륭한 기술의 보유자이고, 뛰어난 성적을 낸 일류 선수이며, 누구나 본받을 만한 스토리를 지니고 있다. 그의 명성은 견실한 이야기로 가득 차 있다. 동시에 그의 오랜 훈련 습관으로 미루어 보건대 성장의 지속가능성을 믿어 의심치 않는다. 즉 콘텐츠의 숙달을 넘어, 명성의 축적이 이루어졌고, 지속가능성 역시 지켜볼 만하다.

그리고 또 하나, 내게는 특히 매력적인 선수가 최경주다. 2018년 미국 LA공항에서 인천공항으로 오는 비행기 안에서 앞뒤자리로 앉아서 갔던 경험 덕분이기도 하다. 잠깐 인사와 짧은 대화가 전부였지만, 그가 성경책을 옆에 두고 비행시간 내내 묵묵히 묵상하는 모습이 아직까지도 인상적으로 남아있다. 그를 지속적으로 응원하고 싶은 마음이 절로 나왔다. 그래서 선수는 실력뿐만 아니라 자기관리도 철저히 하고, 인격도 갖추어야 한다고 생각한다. 나중에 안 이야기지만, 최경주 선수는 이웃사랑을 실천하는 신앙인으로도 잘 알려져 있다. 그의 전공인 골프 분야는 아니지만 건강한 시민으로서 삶의 '올바른 방향성'을 지녀야 한다는 점에서, 최경주라는 사람에게 주목한다. 폭넓은 의미의 내면화를 이루려는 모습에 숙연함을 느낀다. 그는 자기 분야를 넘어서 삶 전체를 아우르고 이웃을 생각하고 있다. 그리고 이타적인 생활 태도를 다시금 자기 삶의 동력원으로 삼고 있다.

그런 의미에서 내가 존경하는 스포츠 스타 중 상위권에 최경주 선수를 올려놓고 싶다. 이런 경우 상대의 인정도 중요하다는 점을 극명히 보여준다. 내면화 영역에서 보면 명성을 축적할 때 타인의 객관적 공인도 필요한 것이라 하겠다. 최경주는 세계 스포츠사에서는 마이클 조던만큼의 영웅일 수는 없지만, 한국인에게는 마이클 조던조차 견줄 수 없는 위대한 스포츠인이라 하겠다.

박세리의 경우엔 내면화의 절대우위 사례로 들 만하다. 일단 LPGA를 뚫은 여성 운동 선수라는 면모가 돋보인다. 한국 여자 골프 사상 최고의 선수이자 선구자란 평가가 있다. 무엇보다도 국민들에게 위안을 안겨준 선수이기도 하다. 그때 당시엔 IMF로 국민들이 상실감에 젖어 있을 때였으므로, 박세리는 대단했다. 특히나 1998년 U.S 여자오픈 당시 물에 빠지기 일보 직전의 공을 치려고 박세리 선수가 맨발로 연못에 들어가 샷을 날리던 모습은 매우 인상적인 모습으로 우리 기억에 남아있다. 애국가가 울리고 방송이 끝날 때 지속적으로 나왔던 그 장면은 단순히 스포츠의 순간이 아니라 한국 국민이 어떠한 난관도 헤쳐 나갈 수 있다는 희망의 메시지였다. 그런 것은 나중에 똑같이 재현하여도 그때의 의미를 지닐 수 없으므로, 단순한 실력 이상의 내면화된 추억이라 하겠다.

최근 **방탄소년단**의 열풍이 거세다. 그들의 팬클럽인 아미는 전 세계에 포진해 있다. 그들을 알리는 홍보사절단 역할을 하면서 각국에서 방탄소년단을 응원했고, 놀라운 일이 생겼다. 빌보드에서 아시아 보이그룹으로 두각을 나타낸 것이다. 특히나 영어가 아닌 모국어로 노래해서 그대로 빌보드에 랭크되고 각종 상을 휩쓰는 것은 이례적인 일이었다. 누군가는 이미 유튜브라는 기술적 외부 요인, 한류가 꾸준히 알려졌다는 외부 요인 덕분에 드디어 올 것이 왔다고 평가할 수도 있다. 어찌 보면 한국의 기본값으로서 한류 콘텐츠에 속했다는 이점도 있기는 하다. 또한 세계적으로 유튜브처럼 어디서든 쉽게 접속하여 소통할 채널이 많아졌다는 것도 문화의 변방에 속했던 한국으로서는 호재를 만난 것이라 할 수 있다. 그렇다고 하더라도 꼭 방탄소년단이어야 할 이유는 없었다. 그 전에 싸이가 이름을 알렸고, 지드래곤을 위시한 빅뱅의 인지도도 세계적으로 올라가고 있던 터였다.

방탄소년단의 경우 한국의 보이그룹에게 기대되던 칼 군무를 정확하게 구사했다. 방탄소년단의 메시지는 간결했다. 어렵지 않고 귀에 쏙 박히는 선율을 통해 압도적인 칼 군무를 청중에게 보여주었다. 가사는 서구인들로서는 신선하다고 할 만큼 안전한 것이었다. 섹스나 폭력을 예찬하는 내용이 아니었다. 상업적으로 검토하는 가운데 한국적 맥락에서 정화되었던 부분이 외국인 부모들에게

청소년과 함께 공감할 수 있을 노래로 받아들여졌다.

심정적으로 부모의 지지를 받으면서 팬클럽 아미들은 자신의 취미를 유럽과 북미에 알렸다. 검증된 한류 실력자로서 간결하고 강력한 선율에 보태어진 칼 군무로 절대우위를 보여주었던 데다가 아미라는 천군만마를 +One으로 얻은 셈이었다. 마이클 조던이 스코티 피펜을 만난 격이라고 해야 할까.

비틀즈의 경우엔 여전히 멤버들이 작품을 발표하고 있지만, 존 레논은 이 세상 사람이 아니고, 비틀즈 역시 60년대를 상징하는 그룹으로 록 역사에 깊은 족적을 남겼다. 어떤 면에서는 평가가 끝났다고 할 만큼 국보급 보물이 된 셈이다. 이렇게 된 데에는 압도적으로 설득력 있는 감미로운 선율에 있다. 그러면서 동시에 예술가적 이미지로 대중음악가의 상업적 면모와 겹치면서 독특한 아우라를 형성했다. 각 멤버가 작곡 작사를 할 수 있고 존 레논의 경우엔 의식 있는 명사로서의 이미지도 있었다. 멤버들의 불화마저도 예술가적 고뇌로 소비될 만큼 +One의 이미지도 강했다. 예술가적 실험 정신과 스캔들은 +One으로 시대를 초월하는 보편적 정서의 작곡 능력을 잘 받쳐주는 역할을 했다.

그러한 힘은 잘 축적되어 명반들로 드러났고, 지금도 많은 사람들이 그들의 노래를 듣는다. 저작권료 관련 순위로 엘비스 프레슬리와 함께 1, 2등을 다툰다고 하니, 위대한 작품의 힘은 실로 대단하다. 그러한 승리의 역사는 잘 내면화되어 궁극적으로 비틀즈라는 이름 자체가 록의 시작이라는 명성을 안겨주었다.

이처럼 대중 가수의 경우 클래식 연주자보다는 주로 젊은 시기에 전성기가 몰려있다. 대중문화가 잘 발달하고 시장이 큰 나라에서는 컨트리, 블루스, 탱고, 엔카, 트로트, 파두, 샹송 등등으로 어른들의 감수성을 달래주는 장르도 활발해서, 반드시 젊은 시절에만 전성기가 몰려있다고 할 수는 없다. 하지만 비주얼이 강조되는 경향이 뚜렷해질수록 젊은 시절의 미모로 대중에게 지지를 받는 이들이 보이그룹이나 걸그룹으로 데뷔하면서 젊은 시절로 전성기가 몰리는 경향이 갈수록 뚜렷해지고 있다. 특히 한국에서는 매우 정확한 진단이라 할 수 있다. 미국이나 유럽의 록그룹, 재즈그룹, 그리고 각종 대중 음악가들은 중장년이 되어서도 여전히 세계 각지를 순회하고 있다. 70년대 한국 대중음악계에선 록 밴드, 아이돌 그룹, 포크 가수 등 다양한 장르의 대중음악가들이 활약했는데, 아이돌 그룹 위주로 대중음악계가 편중되면서 비주얼의 한계로 가수의 수명 주기가 젊은 시절로 국한되었다는 문제점도 생긴 셈이다.

배우인 **송강호**는 어떤 역할을 맡든 자연스러운 연기를 하는 것으로 유명하다. 감독들의 고민을 덜어주는 배우인 셈이다. 그에게는 믿고 맡길 수 있기 때문인지 한국영화 르네상스 시기인 2000

년대부터 그는 유명 감독들과 자주 협업하곤 했다. 그는 메소드 연기라고 하여 해당 역할에 정형화된 연기가 아니라 자신이 그 역할이라면 어떻게 할지 살아있는 역할을 위해 고민했다. 그러다 보니 〈사도〉에서 그가 맡은 영조는 위엄 있는 왕이라기보다는 조금 더 사람다운 느낌을 준다. 이러한 연기를 잘하다 보니, 어떤 연기를 맡아도 자기화했고, 사업가를 하든 가난한 사람을 하든 송강호의 이미지가 어색하게 충돌하지 않았다. 메소드 연기로는 상당한 수준에 오른 것으로, 송강호가 절대우위로 집중하는 역량인 것으로 보아도 좋다. 이때 평범한 인상이라는 특성은 그가 메소드 연기로 성공하는 데 한몫한 장점으로 보완재로서 +One이라 할 수 있다.

제임스 딘의 경우에는 청춘과 반항의 이미지 자체가 드리워진 얼굴이 절대우위였다. 마치 정우성이 〈비트〉의 드리워진 청춘의 암울한 반항 자체로 오랫동안 배우로서 이미지를 유지할 수 있었던 것을 떠올리게 한다. 물론 딘은 그 이상이다. 그의 영화를 본 적이 없어도 제임스 딘을 청춘의 표상처럼 기억하는 사람들이 많은데, 그것은 아마도 그가 너무 이른 나이에 사고사로 죽었다는 드문 일화가 +One이 된 채로 모두의 마음속에 각인되었기 때문이다. 딘으로서는 그 모든 걸 내면화해서 자신의 강점으로 만들기도 전에 사라져버렸다. 모두가 그를 기억한 덕분에 그의 이름은 사람들에게 내면화되었는데, 역시 내면화란 자기가 숙달하거나 축적하는 것을 넘어 사람들이 그 내면화된 속성을 높이 평가해주어야 하는 과정도 필요하다. 자신이 아무리 높이 평가해도 대중이 그렇게 보지 않으면, 그 내용을 브랜드화할 수 없기 때문이다. 제임스 딘의 경우엔 단 몇 번의 이미지만으로 청춘의 브랜드가 되었다.

안젤리나 졸리의 경우 중성적인 매력이 있는 배우로 '걸크러시'라 할 만한 매력이 있지만 이러한 절대우위용 역량을 온전하게 제대로 실현했다고까지 보기는 어렵다. 오히려 +One이라 할 만한 브란젤리나라는 커플 이미지로 유명했다. 프랑스 고성을 사거나, 최근에는 여러 인종의 아이들을 입양하여 사회적으로 좋은 방향을 알려준다는 점에서 매력적인 인물이기도 하다. 그러한 선한 영향력을 끼치는 이미지를 착실히 쌓으면서 건실한 배우로 자리잡고 있다. 여전히 핵심은 배우로서의 능력이겠지만 그의 +One이 지닌 장점 역시 과소평가하기 어려울 만큼 그의 경력에 좋은 영향을 끼치고 있다. 시너지 효과라 할 수 있다. 그가 오래 연기를 하며 사람들에게 어떤 삶을 살아야 하는지 넌지시 보여주는 사람으로 남아있길 바란다.

운이 좋게도 배우는 능력만 있다면 가수에 비해 비교적 오래도록 전성기를 누릴 수 있다. 꼭 젊은 시절에 전성기를 누리지 않아도 언제든 전성기의 가능성이 있다. 모든 나이대마다 역할은 충분하기 때문이다. 하지만 배우로 입지가 탄탄하지 않다면 그 일을 간헐적으로 하면서 다른 부수입으로 자신의 생계를 꾸려야 할 수도 있다. 그럴 때 번 돈으로 +One으로 프랜차이즈 음식점을 차릴 수도 있을 것이다. 그들에게 '절대우위+One'의 선정 시기는 결국 자신이 정한 시간 기준을 따른다고 해야겠다. 모든 나이대에 전성기의 가능성이 있기에 이론적으로는 가능하다.

자기혁신의 사례3: 예술가와 학자

예술가의 경우도 배우와 유사하다. 배우 역시 연기하는 예술가이기 때문에 유사하기 마련이다. 하지만 장르마다 미세한 차이는 있다. 예를 들어 엄청난 기술력을 요하는 바이올린 연주, 트럼펫 연주 등이라면 아무래도 기술의 숙련도가 높아지면서 신체적인 문제도 덜한 시점인 중장년 때 최고의 기량에 이를 가능성이 높다. 이에 비해 미술의 경우라면 실시간적 압박은 덜하기 때문에 신체적으로 아프지 않다면 주로 장년층 때부터 언제든 전성기가 올 가능성이 있다. 청춘의 시기에는 아무래도 방대한 미술사적 역량을 익히고 그것으로부터 대별되는 자신의 개성을 찾는 모색기라고 할 수 있다. 이에 비해 배우나 가수의 경우엔 얼굴과 목소리로 승부를 하기 때문에 상대적으로 젊은 시절에 그 나이대의 장점을 극대화할 수 있다. 고급 예술일수록 청년 시기에 입지를 다지기는 녹록치 않지만 그래도 연극배우나 성악가의 경우 젊은 시절에 충분히 이름을 알릴 수 있다. 목소리로 승부하는 성악가의 경우 목소리 관리에 실패할 수 있기에 노년보다는 중장년 때 전성기에 이를 가능성이 높다. 글쓰기의 경우엔 젊은 소설가들을 30대 40대로 보는 경향을 고려할 때 아무래도 오랜 문학사를 뚫고 나올 청년은 드물다고 해야겠다. 하지만 다른 고급예술과는 조금 달라서 이야기 장르는 대중과 쉽게 소통할 만하다. 그래서 각 세대가 당대의 감수성을 잘 반영해야 하는 것도 매우 중요하다. 그러다 보면 절대로 노년의 작가가 흉내내기 어려운 지점의 경험을 했던 청년 작가가 그들만의 감수성을 대변하며 열광적인 지지를 받을 수도 있다.

고급예술의 경우 음악이나 미술처럼 수련 시기부터 돈이 많이 드는 분야도 있다. 반대로 글쓰기 분야에서는 전업작가가 100명에 8명이 있다는 통계도 있었듯,[25] 실제로 '투잡'을 가져야 하는 실정이다. +One으로 부업을 생각해야 하며, 예술의 경우 보통 차세대를 생각하지 않고 정진하는 경우가 많다. 산업적 이해관계에서 비교적 자유로운 가치관을 지닌 분위기라 그럴 것이다. 그렇지만 경제생활은 어쩔 수 없이 중요하여서 생계에 도움이 안 되는 독보적 가치는 미뤄두고 +One에 사실상 매달려야 할 때도 많다. 그래서 '부업이 주업같다'는 푸념도 생긴다고 한다. 시인의 경우엔 시로 절대로 먹고 살 수 없어서 아예 마음 편하게 +One으로 생계를 잇곤 한다. 일반인이 본다면 회사원이 시를 쓰는 것이지만, 시인 입장에서는 시인이 먹고 살려고 회사를 다닌다고 표현할 것이다. 그들이 마음 놓고 자기 분야에 전념할 수 있다면 더없이 좋겠지만, 시장 자본주의에선 온전히 수용되지 않는 절대우위도 있기 마련이다. 그것의 문화사적 의미는 대단하지만, 때로는 상업성의 측면에서 저평가되는 경우도 있다.

감독의 경우에도 젊은 나이에는 익혀야 할 것이 많다. 예술적 방향성뿐만 아니라 산업적 이해관계 속에서 이를 헤쳐 나갈 협상능력도 필요하고, 팀원들과 일일이 상황을 조율하며 결정해야 한다는 점에서 감독은 오케스트라의 지휘자를 닮았다. 리더로서 모든 걸 해결하려면 그들에게 받아들여질 요소도 있어야 하는데, 그러다 보니 청춘의 시절에 감독으로 성공하는 사례는 그리 많지 않다. 최근에는 새로운 감독을 발굴하려는 노력을 기울이고 있고, 영화 학교가 많아져 체계적으로 영화를 공부할 수 있게 되다 보니, 젊을 때 데뷔하는 감독도 제법 생겼지만 여전히 영화는 산업의 한 분야이기도 해서, 충분히 검증받지 않고는 기업으로부터 투자를 받기 어렵다. 대개는 연출부 등에서 일하면서 30대 후반쯤 기회가 주어지고, 40대 초반쯤에는 감독으로 성공할 수 있을지 성패가 갈린다고 해야겠다. 기회는 적고 차세대를 염두에 두어야 하는 시점은 매우 빠른 셈이다.

그런 면에서 **봉준호**의 성공은 괄목할 만하다. 그에겐 우선 훌륭한 이야기꾼이라는 절대우위의 역량이 있었다. 〈플란다스의 개〉, 〈살인의 추억〉, 〈괴물〉, 〈마더〉, 〈옥자〉, 〈기생충〉 등 〈설국열차〉를 빼놓고 오리지널 시나리오를 직접 창작했다. 특히 B급의 묘한 감성을 죽이지도 않지만 거부감도 들지 않게 하며, 예술적 개성이 대중적 흡인력과 절묘한 균형 감각 위에 놓이는 것은 아무나 할 수 없는 일이다. 가히 절대우위의 봉준호표 서사라 하겠다. 거기에 보완재로 빼어난 연출력이라는 +One이 있었다. 스탠리 큐브릭처럼 영화사의 퍼스트무버만큼 뛰어난 연출관을 보여주는 것은 아니지만, 명장으로서 완숙하고 섬세한 접근으로 우리를 봉준호의 세계로 초대한다. 더구나 오랫동안 연출부도 하고 영화아카데미를 통하여 영화에 대해 익히면서 탁월한 판단으로 자신이 무엇을 잘하는지 파악하고 있다는 점에서 기본값의 역할도 컸다. 또한 기본값으로 성공한 영화감독이라면 으레 지닌 '끈기'와 '돌파력' 역시 훌륭한 수준이었다. 그에게 영화상이 주어진 데에는 외부적 요인도 있겠지만 이러한 훌륭한 요소가 잘 혼합되어서 최고의 시너지를 보여준 것으로 보인다. 그가 훗날 영화 흥행 성적이 참패하여 투자자가 도산하는 경우가 아니라면, 노년에도 작품 활동을 할 것으로 보인다. 만일 그러한 불행한 예외가 발생한다 해도, 그 정도의 명성이라면 이미 사람들에게 깊이 각인되었고, 그에게는 화려한 경력이므로 그것을 활용하여 차세대로 영화학교 교육자를 할 수도 있겠다.

학자의 경우에는 대체로 노년기에 이를수록 그의 학풍이 완숙해진다. 하지만 언제 최고작이 나온다고 말하기는 어렵다. 수학자의 경우에는 젊은 나이에 기량 면에서 출중해지면서 최고의 성과를 발표할 가능성이 높다. 그래서 수학계의 노벨상이라 불리는 필즈상의 경우 40세 이하의 젊은 수학자가 수학에 공로를 낸 것을 평가하여 상을 준다. 물리학자인 **아이슈타인** 역시 젊은 시절 특허청에 다니는 임시직 직원이었다. 그는 퇴근해서 틈틈이 특수상대성이론을 구상했다. 1905년에 발표한 그 개념 덕분에 그는 물리학계의 총아가 되었다. 20대 중반의 나이였다. 수학자였던 **존 내쉬**가 노벨경제학상을 받은 것도 22세 때 게임이론(내쉬균형)에 관해 쓴 28쪽짜리 박사논문 덕분이었다.

하지만 대체로 복잡다단한 지식을 체계화해야 하는 학계에서 웬만해서는 이른 나이에 자기만의 학문을 하기란 쉽지 않다. 또 연구팀을 통하여 연구를 큰 프로젝트 규모로 진행해야 하는 주제도 있다. 그렇기에 단순히 홀로 아이디어 중심으로 진행하는 과제가 아니라면, 나이가 들고 연구팀의 중심이 될 만한 경력이 쌓였을 때 비로소 자기만의 절대우위를 갖출 가능성이 높다. 즉 중장년 때부터 자기 목소리를 만들고 노년에 이르러 완숙해진다고 보아야 한다. 대개 학자는 대학교 교수직에 종사할 때가 많아서, 독자적 학풍을 개척하는 만큼이나 자연스럽게 보완재로 +One이 따라붙곤 한다. 연봉도 높은 편이라 은퇴 이후에 노후 생활을 할 때에도 절대우위로 선정한 역량을 더욱 끌어올리기 위하여 매진하는 학자들도 많다. 신체로 우위를 가리는 직종이 아니기에 가능한 일이다.

 ## 자기혁신의 사례4: 실리적 리더

실리적 리더는 모든 조직에 존재한다. 예를 들어 군인, 감독, 정치인, 경영인 등은 실리적 리더로서 관리의 영역에서 절대우위를 주로 찾아내는 유형이라 하겠다. 앞에서 언급한 스포츠 스타, 가수, 배우, 예술가, 학자 등은 주로 콘텐츠의 지점에서 절대우위를 찾아내었다면, 실리적 리더는 관리의 지점에서 절대우위에 대해 몰입할 때가 많다. 물론 군인의 경우 드물기는 하지만 젊었을 때 전투에서 강력한 전투 능력으로 큰 공을 세우기도 한다. 하지만 그보다는 전세를 파악하고 전략을 짜서 전쟁을 승리로 이끄는 장군이 주목받기 마련이다.

어떤 조직은 뛰어난 재원을 지니고도 망하고, 어떤 조직은 평균적인 재원만으로도 성과를 극대화한다. **히딩크** 감독이 짧은 기간에 우리나라 선수들의 장점을 극대화하고 약점을 최소화하는 전략으로 2002년 한일월드컵 4강의 신화를 썼던 것을 떠올리면 된다. 선수 연봉의 총합만으로만보면 예선을 탈락했을 것이다. 그러나 결과는 전혀 달랐다.

이것은 경영자에게도 적용된다. 사원 시절 현장에서는 분명 괄목할 만한 성과를 보여주었을 것이다. 능력 있는 사원으로 평가받으며 자신의 콘텐츠적인 역량을 극대화하려고 노력했을 것이다. 대기업에서는 콘텐츠의 면에서 탁월한 역량을 지닌 이들이 절대우위를 증명하려 최선을 다한다. 하지만 그들 모두가 성공하는 것은 아니다. 심지어 처음부터 사업에 뛰어든 풋내기 신인이 큰일을 내는 경우도 많다. 페이스북의 경영자 **마크 주커버그**라든지 마이크로소프트의 **빌 게이츠**, 애플의 **스티브 잡스**도 처음부터 창업자로 이름을 날렸다. 애초에 리더로 데뷔하여 비상한 두뇌의 인재들을 조율하고 관리하며 그들의 능력을 극대화하는 역량을 연마했다. 관리 영역에서 절대우위로 끌어올릴 역량을 선정한 셈이다.

물론 애플의 입장에서는 자신들이 콘텐츠적인 혁신을 이뤘다고 평가하며 스티브 잡스를 +One으로, 기술적 역량을 극대화하는 CEO로 볼 것이다. 그건 기업 자체의 입장에서는 마땅한 일이다. 그런데 스티브 잡스의 관점으로 보면, 사실 애플의 많은 기술은 제록스 팔로알토 연구소가 개발해놓고 상업화하지 못한 수많은 기술을 도입하여 적용하는 과정이었다.[26] 그 역시 혁신이지만, 잡스는 그 혁신적 아이디어에 가치를 부여할 줄 알았다. 그게 중요했다. 그의 대표적 작품 중 하나인 아이팟은 간결한 디자인과 신세대적 감수성으로 소비자에게 깊은 인상을 주었다. 애플의 제품은 문화적으로 세련된 것으로 인식되었다. 아이리버 등 MP3플레이어

회사들이 애플 탓에 고전을 면치 못했던 것은 아쉬운 일이지만, 애플의 잡스는 자신들이 여러 기술을 조합한 상품을 의미 있게 만들어 전혀 달라보이는 가치를 제시한 것이었다. 아이폰 역시 마찬가지다. 그들의 중요한 기술들은 삼성 등 여러 곳에서도 도입한 상태였지만, 잡스는 디자인의 간결함과 플랫폼 개념을 적용한 혁신적인 접근 방식으로 스마트폰 시장을 창출했다. 그는 천성적인 기본값으로 카리스마를 지니고, 모두를 강하게 이끌었다. 때로는 잔인하기까지 했다. 그리고 향하는 지점은 미래의 비전이었다. 그곳을 갈 수 있다면 모든 기술과 인재가 거기로 맞추어야 했다. 이처럼 스티브 잡스는 전체의 가치를 극대화시키는 배짱을 절대우위로 두었다. 그것은 언제나 성과로 증명되었다. 이를 위해 프리젠테이션의 효율적 화법처럼 소통 능력을 +One으로 삼았다.

그런가 하면 철저하게 성과 위주로 다그치는 **잭 웰치** 스타일도 생각해볼 수 있다. 1등주의를 통하여 다각화된 사업을 과감히 정리하는 모습에서 체질 개선을 위해 메스를 든 의사처럼 냉철한 관리자도 있기 마련이다. 여기저기 인정으로 판단을 그르치지 않는 모습이 리더에게 중요할 때도 있다.[27]

스티브 잡스와 잭 웰치가 카리스마형 리더라면 미국 온라인 신발판매업체 자포스 CEO **토니 셰이**는 부드러운 리더에 속한다. 그의 화법은 투박한 편이라고 한다. 그는 리더로서 모두에게 소속감을 알게 하고 조직원들이 시너지를 일으키는 것에 초점을 맞추고 있다. 그는 말보다는 행동으로 보여주는 리더로, 사람들을 만날 때마다 배울 만한 사람을 소개해준다고 한다. "사람들을 만나보세요. 무슨 말인지 알게 될 겁니다"라는 식이니 엄청난 화술을 지닐 필요도 없다. 그는 투자자들에게도 투명하게 정보를 공개한다고 한다. 나쁜 점조차 공유하다 보니, 그의 말은 신뢰감이 높은 편이다. 그는 투명하고 정직한 관리자라는 절대우위를 구축하려고 한 셈이다. 여기에 덧붙여 그는 화술의 기법보다는 직접 대면하여 관계를 구축하는 성실한 소통에 초점을 둔다. 그는 이것을 충돌이라고 표현했다. 돌발적으로 이뤄지는 사람과의 만남을 뜻하는 것이다. 그는 스스로 연간 1000시간 수준으로 돌발적 만남인 충돌을 창출하려 한다. 심지어 '라스베가스 구도심을 통째로 개발하는' 다운타운 프로젝트 때는 단위면적당 10만 시간의 충돌을 확보하고자 했다. 그러다 보니 매해 3만 명에 이르는 방문객들에게 자신의 아파트를 개방하기도 했다. 자포스의 후문을 폐쇄한 것도 그 때문이라 한다. 서로 마주치며 연결되고 배우면 그게 혁신이 된다는 소신 때문이었다.[28]

공상가형 CEO로는 **일론 머스크**가 있다. 그는 직원들에게 비전을 제시해주는 관리자일 것이다. 경영 능력은 철저하게 냉철하지만 +One으로 끊임없이 테슬라가 하는 일의 위대함을 직원들에게 주입

한다. 단순한 소통을 넘어서 그들이 하는 일이란 모두의 미래라는 확신을 심어주는 것으로 동기부여를 하고 있다. 사실 그 역시 그러한 혁신의 몽상으로부터 친구들과 전기차 사업에 뛰어들었고, 우주 탐사여행 사업을 시도하고, 도심을 빠르게 질주하는 하이퍼루프에 대한 구상도 하고 있다. 그것으로 그는 세상의 미래를 약속하고 직원들과 함께 장사꾼이 아니라 혁신가가 된다. 사실 이들의 경영자로서의 관리 능력은 성과로 검증되지만 이 절대우위를 더욱 압도적으로 만들어주는 것은 +One으로부터 창출되는 것이라 하겠다.

이러한 실리적 리더의 유형을 보면 내적 자원이 약함에도 이를 극대화하여 최고의 성과를 내는 쪽이 있는가 하면, 내적 자원의 강함을 활용하여 더 큰 성과를 이뤄내는 경우도 있다. 또는 비전을 제시하여 직원들을 한 방향으로 끌어가는 경우도 있고, 냉철한 판단으로 상벌체계를 엄하게 적용하여 조직의 공정성으로 경쟁력을 강화하는 경우도 있다. 이런 많은 경우에도 관리자로서 리더는 팀원에게 그 상황과 규칙을 수용하도록 설득할 수 있어야 하며 이를 위해서 관리자로서 소통 능력도 중요하다. 꼭 말로 하는 소통이 아니라 여러 신뢰감의 표출, 독려하여 그들의 잠재력을 이끌어내는 능력, 재원을 알아보는 안목 등을 +One으로 갖추고 있는 경우가 많다.

이러한 리더가 되는 것은 일반인들의 꿈이기도 하다. 매일 전략을 생각하고 절대우위를 고려하여 생존하려고 하는 경쟁 사회에서 우리와 만나기 때문에 그들은 자주 사람들의 준거모델이 되곤 한다.

 ## 자기혁신의 사례5: 이상적 리더

사실 정치인이나 종교인의 경우에도 실리적 리더로서 중요한 역할을 한다. 그런 면에서 보면 관리의 측면에서 절대우위 요소를 찾아내야 할 것이고, 소통 능력 역시 +One으로서 매우 중요해진다. 그런데 이상적 리더의 경우, 그 이상의 의미를 지닐 때도 많다. 일종의 상징이 되는 것이다. 보통 사람들은 **프란치스코** 교황을 단순히 종교 대통령으로 여기는 것에 머물지 않는다. 존경받는 인물이 그곳에 앉아서 단순한 행정 지휘 이상의 영적 방향을 제시해주길 원한다. 그래서 이상적 리더는 훨씬 더 고차원적인 역할을 감내해야 한다. 실리적 리더로서 경영인과 군인 등도 이상적 리더로서의 역할을 해야 할 때가 있다. 예를 들어 **이순신**의 경우엔 영웅을 넘어서 성웅이라 불린다. 자신의 욕심을 모두 버리고 오로지 나라를 위했다는 것이 사람들 마음을 울린 것이다. **세종대왕** 역시 실리적 리더로서 매우 뛰어난 점이 많았지만, 유교국가 조선의 모범적인 왕의 모습을 전 인생에 걸쳐 보여줌으로써, 유교국가의 성군이 무엇인지 알려면 세종대왕을 보라고 말할 수 있게 되었다. 그가 초창기 농업이나 과학에 관한 업적을 위하여 인재를 잘 등용하고 신하들끼리 활발한 논쟁을 하는 것을 잘 듣고 조율하는 천재적인 면모를 보였다는 점에서는 관리의 측면에서 절대우위를 구축한 것이라 할 수 있다. 또한 한글창제 프로젝트를 비밀리에 이끌며 세종대왕 자신의 직접적 기여도가 높았다는 점에서는 언어학자로서의 천재적인 면모도 보여준다. 콘텐츠의 면에서 차세대 절대우위를 구축한 것이겠다. 하지만 그는 전 인생을 걸쳐서 백성을 생각하는 유교적인 성군의 삶을 살았다. 그런 점에서 매우 일관되어서 그냥 그 삶 자체가 성군의 상징이 되었다. 그런 점에서는 축적된 명성이 압도적인 내면화의 경지에 이르러서 '세종대왕'이라는 단어 자체가 성군을 상징하는 수준이 되었다. 모든 측면에서 절대우위를 획득한 그는 진정한 절대우위 전문가라 할 수 있다.

예수님 역시 마찬가지로, 하나님의 진짜 뜻이 무엇이고 사람들은 어떻게 살아야 하는지 알려면 "예수님을 닮으라"는 한마디로 가능할 만큼 예수님은 기독교의 참 본질을 온몸으로 보여주는 상징적 존재라 하겠다. 부처님이나 선지자 마호메트 역시 해당 문화권에서 그 이름만으로도 엄청난 영향력을 보여준다.

근대의 인물을 살펴보면 **간디**의 비폭력주의가 떠오른다. 그의 물레 짜는 모습은 상징처럼 남았다. 20세기 초 영국 정부가 간디라는 왜소한 남자 하나를 어쩌지 못한 것은 그의 명성 때문이다. 그에게 실제로 엄청난 능력이 있었던 것은 아니지만 그의 신념과 행동은 많은 인도인에게 큰 영감을 주었다. 그의 이름 자체가 인도의 저항 정신을 상징하는 것이 되면서 영국에서는 이 인물을 쉽게 다룰 수 없었다. 이 경우 내면화의 지점에서 절대우위를 찾은 경우라 하겠다. 사람들이 그를 예사롭지 않은 리더로 받아들이면서 그의 이름만으로도 누구도 넘보기 어려운 아우라를 구축할 수 있었다. 그는 특별히 영어를 잘하는 것도 아니고, 머리가 뛰어난 것도 아니며, 축구를 잘하는 것도 아니었다. 심지어 사진 속 그가 지닌 물레를 엄청 잘 다루는 전문가도 아니었다. 그는 그저 간디였다.

넬슨 만델라 역시 남아프리카공화국의 아파르트헤이트를 해결한 인물로 유명하다. 오랜 감옥 생활에도 불구하고 보복 없이 흑백의 갈등을 해결하고 미래를 바라보게 했던 정치인이다. 그의 이름과 발언은 무게감을 지닐 수밖에 없었다. 국제사회도 그를 지지했다. 그는 단순히 남아공의 정치인이 아니라 세계적 문제를 해결하는 선례를 보여준 인물이 되었다. 그의 신념이 대단한 것이라기보다는 그 모진 상황을 이겨내고 이성과 품위를 지킨 채 신념을 실천했다는 것에 있다. 하려면 누구나 할 만큼 그리 어렵지 않은 결단처럼 보이지만 결코 쉽지 않은 일이다. 이 역시 엄청난 기술적 노력이 필요한 것이 아니라, 오직 미래를 가리키려는 확신이 있었기에 가능했다. 나머지 문제에 대한 관리는 모두가 힘을 합하면 된다. 만델라의 말이라면 백인이라도 믿을 만큼 사회적 명성을 쌓았기에 가능했다. 만델라가 아닌 다른 사람이 그 일을 하려 했다면 많은 의심에 부딪혔을 것이다. 오랜 세월 온 몸으로 신념을 보여주었던 과정이 있었기에 가능했다. 내면화의 경지는 때로는 성실한 실천과 함께 모두의 인정이 필요하다. 그 자체로는 대단한 기술적 능력을 보여주는 것이 아니지만, 단순히 콘텐츠적 능력이나 관리의 능력으로는 범접하지 못할 막강함을 보여준다. 모두를 움직이게 하는 권위이기 때문이다.

테레사 수녀의 경우에도 넬슨 만델라와 같은 무게감이 연상된다. 이런 분들이 세계에 호소한다면 그 말씀은 무게감 있게 다가올 수밖에 없다. 그가 오랫동안 행해온 행적 덕분에 생기는 권위로 아무나 쉽게 흉내내기 어려운 절대우위다. **이태석** 신부의 아프리카 활동에서 감화를 받은 아프리카 청년이 우리나라에 와서 의사가 되었다는 말을 들을 때 한 사람이 다른 이의 전 인생에 결정적 영향을 끼칠 수 있다는 것에 감동했었던 기억이 난다. 이 역시 내면화의 지점에서 절대우위가 생긴 셈이다.

이와 같이 이상적 리더가 획득하곤 하는 내면화의 절대우위는 짧은 시간에 구축되는 것이 아니다. 때로는 대단한 지식을 보여주는 수준도 아니다. 예를 들어 **성철** 스님이 "산은 산이요, 물은 물이다"라고 했기에 그 말이 선문답처럼 들렸던 것이지, 약수터에 아침운동 갔던 동네 사람 김씨가 그런 말을 했다면 산은 동네 야산이요, 물은 약수를 뜻하는 것으로 해석되었을 것이다. 결국 이 권위를 모두가 당연하게 받아들이게 하려면 아주 오랜 시간 일관되게 사람들을 감동시켜야 한다. 어쩌면 차세대 절대우위 따위를 생각하지 않고 전혀 다른 차원을 바라보며 묵묵히 정진하지 않으면 얻기 어려운 절대우위라고 해야겠다. 때로는 +One조차 예비하지 않는 무모함에서 이러한 놀라운 아우라가 획득된다고 하겠다. 세속적인 관점에서 보면 무모해보이고, 도무지 효율성이라고는 없어 보이는 지점에서 자신의 인생을 최고의 수준으로 끌어올린 셈이다. 이런 유형의 경우 극한적인 상황이 아니라면 대개 노년에 증명된다고 하겠다. 극한적인 상황이라면 전쟁, 난민 사태, 성폭력 등의 비참한 경험 등으로 그저 살아낸 것으로도 권위를 얻은 예가 있을 것이다. 이런 경우라면 그 예외적인 경험에서 오는 권위가 있다 보니, 반드시 노년에 내면화의 절대우위가 획득되는 것은 아니다.

올바른 방향성

 더 궁극적인 방향성

'절대우위+One'의 관점에서 삶을 역동적으로 살려면 절대우위를 발굴하고 그 영향력을 연장하기 위해 +One을 결합한다. 그리고 그러한 '절대우위+One' 주기를 차세대로 교체하면서 자신의 경쟁력을 지속가능하게 유지하려 한다. 절대우위를 획득하려는 과정에서 우리는 더 명료한 목표를 지닌 채로 최선을 다하는 삶을 살 수 있다.

그런데 거시적 측면에서 자신의 '재주'가 절대우위의 인생을 만들어냈다면 그것을 더욱 더 가치 있게 하기 위해 시너지의 요소로 '올바른 방향성'을 지니면 좋을 것이다. 앞서 언급한 인물 예시를 보았을 때 콘텐츠와 관리의 측면에서 절대우위를 찾으려는 것은 기술, 조율에 관한 재주를 획득하려는 시도였다. 내면화에서도 자신의 재주를 바탕에 둔 전설적인 명성 자체가 권위가 되는 것이라면 여전히 재주의 영향력이라 할 것이다. 그런데 간디나 테레사 수녀처럼 권위의 근원이 삶의 진실성에 기반에 둔 것이라면 그들의 호소로 인해 생기는 사람들의 호응 자체로 우리 사회에 올바른 영향을 끼치는 것이라 하겠다. 이는 한국 사회에서는 특히 더 고려해보아야 할 사안이다.

우리는 혼자 사는 것이 아니다. 자신의 절대우위를 구축하는 것도 어쩌면 사회 안에서 경쟁을 의식하기 때문이고, 누군가로부터 인정받고자 하는 욕구가 있기 때문이다. 그렇다면 그들을 의식하는 순간 우리는 모두와 함께 더 나은 방향으로 나아갈 필요가 있다. 적어도 민주주의 사회의 시민이라면 건전한 상식을 지니고 누군가를 짓밟기 위해 자신의 재능을 악용하지 않은 채로, 더 나은 삶을 꿈꾸어야 한다, 모두와 함께.

그리고 그것이 결국엔 선순환하여서 나 자신의 삶을 긍정하고 더욱 깊이 있게 하는 자양분이 될 것이다.

외부적 행위: 성실하고 진정한 시민으로 성장하기

개인이 성숙한 시민이 되기 위하여 하는 일은 표면적으로는 미미해보일 수 있다. "내가 한다고 뭐가 달라지겠나?"라는 생각을 하기 쉬운데, 작은 힘이 모여 큰 물줄기를 만든다는 걸 상기할 필요가 있다.

대개 개인이라면 세 가지 유형의 사회적 선행을 염두에 둘 수 있다.

첫째, 자신의 주어진 삶에 최선을 다해 살되, 정직하게 사는 것이다. 법의 근간을 흔들며 편법으로 승리를 했다면 공정성 면에서 그 사회에 장기적으로 해를 끼치는 삶이라 하겠다. 그런 경우 자신의 절대우위를 강화하고 +One을 잘 준비할수록 다른 이들에게는 열패감을 안겨줄 것이다. '국가에서 하라는 대로 다 하면 바보'라는 말이 통용된다면 그 사회는 문제가 있다. 모두가 공정성을 중요하게 여겨 바르게 행동할 때 예상가능한 대우를 받는 분위기를 확립하는 것이 중요하다.

둘째, 자기계발을 통해 '절대우위+One'을 확립하는 것은 자기 자신을 위한 일이다. 그런데 만일 자신의 분야에 조금이라도 긍정적인 영향을 끼친다면 그게 쌓여 모두에게 좋을 것이다. 대단한 것을 하라는 게 아니다. 다 개선하면 좋겠지만 현실적으로 개인이 그런 대단한 일을 성취하기는 어렵다. 그런데 자기가 살면서 이건 고쳤으면 좋겠다고 생각하는 것들 중 한 가지만을 개선하는 것은 가능할 수도 있다. 즉 해당 직무의 생태계에 약간의 공적 기여를 하겠다는 마음가짐이 같은 계열 종사자들에게 연결된다면, 후배들을 통하여 더 나은 상황을 만들어낼 수 있을 것이다. 정말로 해당 분야에 열심히 종사했다면 개선해야 할 지점이 보일 테니, 그것에 집중하는 것도 좋은 방법이다.

셋째, 해당 직무의 경계를 넘어서 보편적으로 다른 이들을 돕기 위해 재물 기부를 하거나 봉사 활동을 통한 재능 기부를 지속하는 것도 좋다. 요즘엔 각종 포털 사이트에서 쉽게 남들을 도울 수 있는 채널이 마련되어 있다. 마음만 있다면 그리 어려운 일이 아니다. 심지어 아프리카 등지에서 지금 일어나는 일에 대해 즉각적으로 도움을 줄 수도 있다. 세상이 좋아진 만큼 조금만 관심을 두어도 의미 있는 활동이 가능하다.

 ## 내부적 영향: 건전한 삶의 실천이 우리 자신에게 미칠 영향

건전한 시민이 되기 위한 노력은 이상적으로 아름다운 사회를 만들고자 하는 바람 때문이기도 하지만, 현실적으로 그러한 삶의 목표를 세우고 가능한 작은 일을 실천하는 것 자체가 우리 개개인에게 긍정적인 재영향을 주기 때문이기도 하다. 오래도록 기업에서 고군분투하다 보니 쉽사리 '순수하게 이타적인' 실천을 믿지는 않는다. 오히려 그보다는 경제적 동물인 인간은 합리적인 이기심을 바탕에 두고 공정하게 활동할 때 결과적으로 모두에게 좋은 성과가 생긴다는 점을 더 믿는 편이다.

이런 맥락에서 결국 올바른 시민이 되려는 노력 자체가 우리 자신의 삶에 긍정적인 선순환 구조를 만든다는 점에 주목한다. 우선 자신이 사회에 유익한 일을 하고 있다는 자체에서 만족감을 찾을 수 있다. 그것은 자부심으로 표출된다. 준법정신을 지켰다면 시민의 의무를 다한다는 자부심이 생길 것이요, 자기 분야에서 기여했다면 자기 일에 대한 자부심으로 보상을 받는다. 대중음악가들과 대중음악에 열광한 이들이 훗날 대중음악이라는 분야 자체를 확고하게 구축했듯이, 결국 자기 분야에 대한 평가가 공적으로 높아질수록 자기 자신의 위상이 올라가는 것이기도 하다. 남들에게 그런 평가를 받는다면 결과적으로 자신이 하고 있는 그 일 자체를 더 깊이 사랑할 계기를 얻고 자신의 삶 또한 사랑하게 되는 것이다.

자신의 행위가 사회에 어떤 영향을 주는지 깊이 깨닫는다면, 선한 영향력을 끼치기 위해 더 큰 책임감을 느낄 수 있다. 그렇게 될 경우 더 조심스럽게, 더 근원적으로 돕는 행위에 대해 생각해보게 된다. 일회성에 그치는 것이 아니라 조금 더 체계적으로 실천하려는 욕구가 생길 수도 있다.

이와 같이 자부심과 함께 책임감을 느꼈다면, 자부심은 더욱 각별해진다. 책임 있는 자부심일 때 그로부터 생기는 행복감은 자타가 공인하는 인정욕구까지 만족하게 하므로 그 질이 높다. 이때 다시금 옳은 길로 나아가도록 하는 동기부여로 이어진다. 자기 일을 더욱 사랑하게 되거나, 아프리카를 도울 수 있는 경제적인 근원으로 자신의 일을 더욱 열심히 하게 된다. 단순히 법을 준수하다가 점점 그 행동을 자식에게 대물림하고 싶어 올바른 가치 교육에 신경 쓰는 부모가 될 수도 있다.

이처럼 외부적 행위를 성심껏 할 때 자부심, 책임감, 행복감은 삼각 균형을 이루게 된다. 그리고 그것이 다시 자신의 '절대우위+One'의 중요성을 환기해주는 자극제 역할을 해준다.

"내가 좋아하는 것으로 남들도 좋게 하라"는 말을 오랜 만에 곱씹는다.

'절대우위+One'의 강화를 위한 필수 3요소

'절대우위+One'을 안정적으로 지속가능하게 하려면, 필수 3요소의 균형이 맞아야 한다.

- 콘텐츠 혁신: 개인에게는 자기계발의 역량을 뜻한다.
- 관리 혁신: 자기계발을 위한 계획 수립과 유지를 의미한다.
- 내면화 혁신: '절대우위+One'을 숙달하여 이를 통해 승리한 경험이 축적되면, 이를 지속할 신념과 자부심을 통하여 자신이 하는 일에 대한 선순환이 가능해진다.

'절대우위+One'의 선정을 위해 검토해야 할 필수 3요소

'절대우위+One'을 주로 콘텐츠 지점에서 추출하지만, 관리의 지점, 내면화의 지점에서도 '절대우위+One' 후보를 검토할 수 있다.

- 콘텐츠 지점에서는 주로 우리가 흔히 아는 '해당 분야의 기량'을 검토한다.
- 관리 지점에서는 뛰어난 인재와 역량을 결집할 줄 아는 '리더십과 비전 제시' 등의 역량을 검토한다.
- 내면화 지점에서는 하는 일에 대한 '근원적 동기부여(신념 및 자부심)'를 해주는 노하우를 검토한다.

PART
II - II

경영학적 차원의 지속가능한
'절대우위+One'

앞서 PART II - I 에서는 자기계발 차원에서 유명인을 중심으로 그들이 절대우위를 콘텐츠, 관리, 내면화의 지점에서 어떻게 확보했는지, +One은 어떤 것이었는지를 살펴보았다. 또한 자기혁신으로 경쟁력을 지속가능하게 하고, 사회인으로 올바른 방향 설정을 함으로써 결국 자신에게 이롭다는 것도 짚어보았다.

이는 기업에서도 크게 다르지 않다. 기업만의 특수성 때문에 약간씩 다른 특징도 있지만, 그렇다 하더라도 '절대우위+One'을 콘텐츠, 관리, 내면화 지점에서 확보한 방식, +One이 선정하는 과정은 큰 흐름에서 거의 같다고 볼 수 있다. 즉 부단한 혁신경영으로 경쟁력을 키우고 지속가능한 경영을 위해 진정한 사회구성원으로서 사회적 책임을 강조해야 한다. 그것이 결국 선순환을 일으켜 기업 자체에도 긍정적인 기여를 할 것이다.

물론 개인이 자신을 위해 투자하는 것과는 달리 큰 비용을 들여야 하고, 다양한 조직 구성원이 개입하기에 그 결정이 만만치 않다. 더구나 사회에 영향도 크게 미치기에 조금 더 상세하게 들여다보아야 할 필요는 있다. 작동구조는 거의 유사하되, 이해관계의 복잡성은 개인의 문제와 차원이 다르기 때문이다.

혁신경영

[그림2-2] 기업의 '절대우위+one' 강화를 위한 필수 3요소의 정의

 혁신경영의 중요성과 '절대우위+One'

기업은 사람보다 더 원활하게 움직여야 한다. 시장은 매우 빠르게 변하고 소비자의 입맛은 까다롭다. 그래서 오로지 생존을 위해서 개인과 달리 습관적이고 기계적인 수준을 넘어서서 경쟁력을 지속적이고 혁신적으로 발굴해야 한다.

안영진(2020)은 "혁신이란 기존의 상식을 부정하고 독창적이며 경제적인 가치가 있는 새로운 제품, 서비스, 프로세스를 창출하는 활동"으로 정의하고 있다. 발명은 창의적인 아이디어를 이용한 단발적인 결과물이기에 과정을 마다하지 않고 상대적으로 단기적인 가치창출에 초점을 맞추고 있는 반면, 혁신은 지속적인 노력을 통하여 조직 구성원의 사고와 행동의 변화까지 요구하는 활동이기에 보다 장기적인 가치창출을 이끌어내는 원동력이라고 할 수 있다. 생존을 위해서는 전면적으로 변할 각오로 경쟁에 치열하게 임해야 한다는 의미겠다.

이를 위해 아래와 같은 다섯 가지를 점검하라고 조언하고 있다.

1) 혁신에 대한 분위기 조성
2) 혁신이 수월한 조직 구성
3) 혁신 전략 확립
4) 아이디어의 원천 확보
5) 아이디어의 끊임없는 발전

결국 혁신을 권장하는 기업문화를 만들고 이를 잘 반영하는 인재를 육성해야 하는 것이고, 그에 맞게끔 조직 개편 및 시스템 규칙을 만들어야 한다는 의미이기도 하다. '절대우위+One'과 같이 명료한 방향성을 갖고 혁신 전략을 수립한 후, 시장의 변화 및 핵심역량을 파악하여 그 중 알맞은 '절대우위+One'을 선정하여 집중적으로 육성해야 한다. 마지막으로 차세대 주기까지 잇는 노하우를 축적해낸다면 혁신경영의 주기는 지속될 수 있다.

그런데 사실 많은 기업들이 다각화에 몰두하곤 한다. 히든 챔피언들이 주로 '절대우위+One'에 주력하곤 하지만, 대기업은 자신들의 역량을 분산시키곤 한다. 이는 호황기에는 문제가 없는 전략일 수 있으나 불황기에는 위험부담이 따른다. 그래서 대개는 다각화의 폭을 좁히고 순위를 두어 투자의 역량을 최우선적인 사업에 집중시키기도 한다. 이것이 어쩌면 현실적으로 현재 기업들이 '절대우위+One'을 위해 취할 만한 중도적 선택일 것이다. 갑자기 모든 사업을 과감히 정리하고 2~3개만 남기는 것이 분야에 따라서 바람직하지 않을 수도 있다. 소비재에서 이미 안정적인 매출을 보인다면 굳이 그래야 할 이유를 찾지 못할 것이다. 오히려 이를 관리할 기량을 혁신하는 쪽을 택하는 것이 현실적이다. 또 집중 육성 역량과 달리 이미 안정화된 사업군을 기본값으로 여길 수도 있다. 이 사업군에 대하여 꾸준하게 투자 역량을 분산해야 한다면 이는 온전한 기본값은 아니겠지만, 더 많은 가능성을 놓치고 싶지 않은 심리도 이해 못할 바는 아니다. 그럼에도 때로는 과감하게 선택해야 할 때가 있다. 빠르게 변화하는 분야라면 온고지신(溫故知新)이라는 온건한 개선의 입장도 위험하고, 일신우일신(日新又日新)이라는 애매한 개혁 의지도 위험하다. '아내 빼고는 다 바꿔라'던 이건희 회장의 오래 전 주문처럼 혁신이란 대단한 탐험을 해야 하는 것일 수 있다. 또한 세계적 경영학자인 미국의 클레이튼 크리스텐슨(Clayton M. Christensen) 교수가 1997년 저서 '혁신 기업의 딜레마(The Innovator's Dilemma)'에서 처음 소개한 '파괴적 혁신(Disruptive Innovation)'은 '존속적 혁신(Sustaining Innovation)'과의 비교를 통해서 단순하고 저렴한 제품 또는 서비스로 시장 밑바닥을 공략해 기존 시장을 파괴하고 시장을 장악하는 전략처럼, 때로는 개선의 연속성보다 더 과격하게 단절적 변화를 이끌어내야 할 때도 있다. 혁신의 방향은 분명해야 하고, 정리의 의지는 결연해야 한다.

이처럼 혁신에 힘을 주면, 언제나 현재보다는 미래를 중심에 두고 움직이게 된다. 삼성의 경우 단기목표보다는 5년 뒤를 염두에 둔 준비를 한다. 이러한 준비에 소홀한 채로 현재에 안주할 경우 제아무리 글로벌 최고의 기업도 살아남기 어렵다. 노키아와 같은 휴대폰 업계의 거물이 시장의 흐름을 제대로 파악하지 못해서 한순간에 몰락하는 사태가 벌어지기도 한다. 제록스와 같은 기업이 팔로알토 연구소처럼 역사적으로 엄청난 지식재산의 기술을 연구해 놓고도 상용화를 못한 것을 떠올려보아도 좋다. 그때 그 기술들은 훗날 애플, 마이크로소프트 등 초일류 기업의 밑천으로 활용되기도 했다. 코닥은 또 어떤가. 필름 카메라 시장에 안주하여 스스로 디지털 카메라를 개발해놓고도 선점하지 못하는 실수를 저질렀다. 이는 모두 혁신에 나태하고 현실에 안주했기 때문에 생긴 결과다. 매년 포춘지가 발표하는 500대기업을 보면 평균 기업수명이 40년 정도 되고, 최근 일본 니혼게자이 신문이 발표한 것을 보면 일본 100대 기업의 평균 수명은 30년 정도라고 하였다. 우리나라에서는 최근 상공회의소가 발표한 내용은 평균수명은 23.8년이라고 하였다. '부자는 삼대를 못 간다'는 격언이 진실인 것처럼 보이는 통계다. 이는 매 순간 혁신의 자세로 자신의 고정관념에 갇히지 않을 때라야만 살아남을 수 있다는 걸 보여준다.[29] 필요하다면 합병을 통한 생존도 가능하다는 점을 인지해야 한다. 매 순간 치열하게 노력해야만 생존 기간을 더 연장할 수 있다는 점도 알아두어야 한다.

우선 절대우위로 버텨 생존의 시작을 알리고 여력이 생겨 '절대우위+One'을 갖출 역량이 생기면 차세대 주기를 돌리는 부지런한 혁신의 자세가 요구된다. 그런 식으로 시장 변화에 민감하게 반응하며 미래를 준비할 때, 그 생존의 순간들이 성장의 기적으로 이어지기 마련이다. 그렇게 기본값까지 축적하고 그 양이 늘어갈 때 기업이 더 오래 지속될 가능성이 더욱 커진다고 하겠다.

 ## 기업의 '절대우위+One' 강화를 위한 필수 3요소

경영학적으로 기업의 절대우위와 +One은 경쟁에서 생존하기 위해 매우 중요하다. 개인이라면 더 나은 삶을 살기 위한 것이라지만 기업의 생존에서는 순간의 안주가 큰 패착으로 이어지기도 한다. 그래서 삼성이 5년 뒤를 생각하며 현재에 반응하듯이 보통 기업들은 소비자들이 미처 생각하지 않는 근 미래를 염두에 두고 투자를 한다. 이때 개인의 자기계발에서도 적용했듯이 세 가지 측면을 검토하곤 한다. 앞서 [그림2-2]에서와 같이 첫째 콘텐츠의 관점, 둘째 관리의 관점, 셋째 내면화의 관점에서 접근하면 좀 더 효율적으로 '절대우위+One'의 단서를 찾을 수 있다.

다만 개인과 달리 여러 사람과 부서의 이해관계가 얽히고 협력 업체와 갈등이 있을 것이며, 투자자들의 기대도 외면하기 어렵다. 자본이 많이 들기에, 위험 부담에 관한 태도도 정립해야 한다. 한 번의 큰 실수로 엄청난 사회적 파장을 불러일으킬 수도 있다. 적어도 회사원의 생계를 끊어놓을 수도 있다는 점에서 기업의 결정은 언제나 신중하면서도 도전적이어야 한다. 두 모순적인 요소를 잘 조합해야 한다는 것은 쉬운 일이 아니다. 이처럼 조직체로서 고려해야 할 것이 개인에 비해 비교하기 어려울 만큼 복잡하다. 그럼에도 그냥 지금에 머물러 있을 수 없다. 혁신하기도 어렵지만 하지 않으면 생존 자체가 불투명하기 때문이다. 이 수준을 뛰어넘어야 진정한 성장이 가능하며 시장의 혁신을 지배해야 시장을 주도하는 경지에 다다를 수 있다.

그렇기에 살아남기 위해서, 성장하기 위해서, 위대한 전설이 되기 위해서 내부 역량을 모두 점검하고 이중에 절대우위와 +One을 선정해서 집중적으로 육성해야 한다. 이때 개인의 자기계발 측면에서도 언급했듯이, 세 가지 필수 요소의 균형적 뒷받침이 필요하다.

우선, 콘텐츠의 측면은 기업의 경쟁력이 무엇인지 내용을 결정할 때가 많다. 조지 슘페터(Joseph Schumpeter)의 경우에는 기술혁신을 폭넓게 보는 편이다. 그는 제품개발 혁신, 서비스 혁신, 조직관리 혁신, 생산기술 혁신 등을 모두 포괄한다. 그리고 기술 혁신을 장기적인 경기변동의 주요한 변수로 파악하였다. 이 책의 관점으로는 콘텐츠, 관리, 내면화 지점에서 있을 수 있는 혁신을 세 영역으로 구분했지만 슘페터의 경우엔 기술 혁신이라는 용어를 언급할 때 콘텐츠, 관리, 내면화의 영역을 포괄하여 총체적으로 바라보고 있다.

여기서는 슘페터의 관점과 달리 앞장에서 언급한 자기계발적 관점과 유사한 맥락에서 바라보았다. 따라서 콘텐츠 혁신에서 조직관리의 혁신이나 생산기술의 혁신 등 경영관리적 영역을 배제하였다. 즉 콘텐츠 혁신이란 주로 기업이 시장에 출시하여 소비자에게 노출되는 아이디어로 국한했다. 예를 들어 애플이 혁신의 대명사처럼 불렸던 것은 스마트폰이라는 눈에 띄는 제품을 소비자가 알고 있기 때문이다. 이건 곧 애플에 대한 성장 기대감으로 연결되기도 한다. 내부적으로 혁신하는 것 역시 전문가가 보면 대단히 중요할 수 있지만, 역시 하나의 기업이 직관적으로 혁신적 이미지를 지니기 위해서는 모두가 공감할 만한 기술적 내용에서 혁신이 일어나는 경우가 많다. 인터넷 초기에 구글과 네이버가 혁신적인 이미지로 등장해 엄청난 수익을 올렸지만 한동안 인터넷의 수익 구조를 이해하지 못했던 소비자들에게 구글이 무엇 때문에 그렇게 주가가 높은 줄 이해하기 어렵다는 말을 하곤 했었다.[30] 만일 애플이 경영 기법 면에서 엄청난 혁신을 했더라도 맥킨토시에서 크게 벗어나지 않은 제품을 지금도 생산하는 기업이었다면 소비자들에게 그리 강렬한 인상을 주지는 못했을 것이다. 그러한 인상적인 면모는 기업의 가치로 연결되기도 한다. 그만큼 결국 혁신을 할 때 기술적인 진일보로 표면적으로도 화려함을 과시하는 경우가 혁신에서는 중요하다. 결국 많은 혁신 중 기업의 힘을 드러내는 핵심적 요소는 혁신적 기술을 확보하는 것이다. 이게 어렵기 때문에 여러 다른 역량으로 그와 같은 효과를 내려고 한다. 운이 좋게 콘텐츠에서 붙들고 늘어질 기술적 요소를 발견했다면 치열하게 붙들어야 한다. 특히 첨단의 이미지가 강한 분야에서는 기술로 승부를 내야 할 때가 많다. 묵시적으로 있던 지식을 명시화하는 단계이다.

이 관점에서 기업은 '절대우위+One'의 선정 시기 및 투자 비율을 정하게 된다. 더 나아가 차세대를 발굴하고 안착시키는 주기까지 완성하는 것으로 '절대우위+One'의 주기를 지속가능하게 한다. 그것은 기업의 생존을 지속하는 것이기도 하다.

둘째, 콘텐츠에서 주력할 역량을 파악했다면 이를 획득하기 위한 노력을 해야 한다. 관리의 측면에서 전방위적으로 이를 지원해야 하는데, 이때 효율적으로 관리 혁신을 이룩한다면 기업의 역량을 최대한 효율적으로 집결시킬 수 있을 것이다. 최근 기술 지식의 가치가 높아지고 지적 재산의 중요성이 더욱 커지고 있다는 점을 고려하면, 여러 경영관리 기법 중 지식경영 기법에 무게를 싣는 것도 좋다. 피터 드러커(P. F. Drucker)는 "지식이란 일하는 방법을 개선하거나 새롭게 개발하여 기존의 틀을 바꾸는 혁신을 통해 부가가치를 높이는 것"이라고 정의하고 있다. 이를 위해 지식을 지닌 개개인인 인적자원들이 경쟁기업보다 많이 확보되어 있어야 하고, 이들에게서 의미 있는 지식을 이끌어내어 연결하고 기업의 사안에 안정적으로 적용할 수 있도록 축적하는 작업이 필요하다. 즉 지식경영은 이들이 개발한 콘텐츠를 안정적으로 자산화하여 보호하고 가치를 극대화하는 작업뿐만 아니라, 훌륭한 인재를 육성하고 이들의 지식을 기업의 지식으로 안착시키도록 하는 과학적 시도일 것이다. 과거 공장의 생산성을 높이기 위한 관리 혁신이 중요했다면, 무형의 자산을 안정적으로 기업에 수용하는 과정이 중요해진 시대인 만큼 지식경영은 관리 혁신의 핵심적 지점이기도 하다. 지식경영이 성공해야 '직원들 개개인은 똑똑한데 기업은 어리석은 선택을 하는' 관료제적 패착이 줄어들 수 있다.

이러한 경영 혁신이 원활할 때 외부에서 콘텐츠를 확보해야 하는 경우가 생겨도 원활할 수 있다. M&A의 적재적소 적용, 다국적기업과의 라이선스 협약 등을 효과적으로 수행할 수 있을 것이다. '절대우위+One'의 시기를 정확하게 진단하고, 기업 내 역량을 고르고 효율적으로 배분하여 역량의 효과를 극대화하는 데에도 지식경영 기법을 중요하다. 때로는 '절대우위+One'의 기존 주기를 효과적으로 연장하기 위해서 콘텐츠 개발과 출시의 속도를 시장 상황에 맞춰 조절할 수도 있다. 아이폰10의 기술이 있다고 해도 아이폰4가 통하는 시장에서 굳이 먼저 첨단 기술을 모두 풀어놓을 필요는 없다. 미국에서 B2폭격기를 선보였다가 후발 주자와 현격한 기술 차이로 인해 굳이 값비싼 폭격기보다 한 단계 '다운그레이드'시키는 경제적 선택으로 시장에서 유리한 여지를 확보하는 것도 의미 있는 전술일 것이다.[31] 테슬라가 자신들의 특허를 일부러 오픈소스화하여서 시장의 표준을 선도하여 큰 차원에서 퍼스트무버의 지위를 유지하려는 것 역시 관리 차원의 영리한 선택이다.

지식경영을 비롯한 모든 관리적 측면이 집결될 때 큰 시너지를 발휘한다. 그런 면에서 지식경영이 중요하더라도, 지식경영적인 접근만이 현대적인 관리 혁신의 모든 것은 아닐 것이다.

셋째, 콘텐츠를 혁신적으로 개발하고, 이를 자산화하여 기업의 여러 역량과 연결하는 관리의 작업이 제대로 뒷받침되려면, 이를 운영하는 주체인 인재가 제대로 된 역할을 해야 한다. 더 나아가 기업의 관점에서 인재들이 제대로 된 역할을 하여 기업 차원에서 시너지를 발휘하려면, 기업문화가 반영되어야 한다. 결국 자기계발 영역에서 내면화란 기업에 적용할 경우 기업문화라고 할 수 있다. 즉 콘텐츠의 수준을 '숙달'하여 이를 통해 기업 승리의 역사가 '축적'된다. 이때 이 총체적인 기업의 성과와 역사는 축적되어 외부의 소비자들에게 브랜드로 인지된다. '애플' 하면 혁신이 떠오르듯, 그 기업의 이름만으로도 명성이 반영되는데, 이러한 명성을 '지속'하려면 개인적 차원보다는 훨씬 더 많은 직원들이 기업의 문화와 신념을 이해하고 그것을 자기의 것으로 수용해야 한다. 이러한 내면화 작업에 성공할 때 그 기업의 정신이 인재에게 계승되고 그에 맞는 지속적 성과가 가능해진다. 결국 자기계발 차원에서 '신념과 자부심'을 강화하기 위해 노력한다면 기업에서는 기업의 핵심 가치와 문화를 모든 인재들에게 전수하기 위해 노력하게 된다. 도전적인 기업이라면 그에 합당한 가치를 제시할 것이요, 견고함을 중시하는 기업이라면 역시 그에 알맞은 가치를 채택했을 것이다. 이러한 가치를 지속하여 기업의 새 역사를 쓰는 것은 인재들의 몫이다.

강성춘(2020)은 인재 육성의 중요성을 강조하였다. 거시적 혹은 전략적 인적자원 관리의 경우 개별 기능과 제도보다는 전체 시스템의 구성과 배열에 초점을 두며, 사람을 통해 기업의 성과향상과 경쟁우위를 확보하는 데 관심을 둔다고 보았다. 즉 기업이 자신의 문화와 사람의 특성을 이해하고 그 속에서 내재된 자신만의 강점을 찾아내고 이를 지속적으로 확장·발전시키는 것과 동시에, 사람에 내재된 핵심역량을 사업과 연계시킬 때 지속적인 경쟁우위를 확보할 수 있다고 보았다. 기업이 인재에 관해 차별화된 관리 시스템을 구축할 때만 지속적인 경쟁우위를 확보할 수 있다고 본 것이다. 강성춘의 관점에서 경쟁우위를 확보하기 위한 해답을 시장이나 환경 혹은 다른 기업에서 찾기보다는, 자사에서 일하는 직원들의 특성과 자신의 독특한 기업문화를 이해하는 과정에서 그 해답을 찾아야 하는 셈이다.

만일 기업의 인재들이 자사의 내면화된 자산을 온전히 이해하지 못하면 그 기업은 미래 동력을 상실할 수도 있다. 그들이 이끄는 기업은 표류하고 말 것이다. 만일 기업의 신념과 자부심을 내면화한 인재가 기업문화에 따른 가치대로 움직여준다면 기업 입장에서는 의도했던 방향으로 진보할 수 있을 것이다. 기업이란 결국 집단이므로 매 순간 인재들을 통하여 기업문화의 새로운 가능성을 모색하게 된다. 인재들이 콘텐츠를 발굴하고 숙달하며, 새로운 절대우위와 +One을 개발하고 완숙한 경지에 올려놓는다. 또한 기업에 승리의 역사를 축적하고 그것을 만끽하는 것도 기업의 인재들이다. 그렇기에 인재육성은 기업의 모든 순간을 구축하는 기초적 디딤돌일 것이다.

기업의 절대우위 후보 검토 때도 3요소는 중요하다

기업의 차원에서도 3요소는 '절대우위+One'을 지속가능하게 하는 요소 이상의 의미를 지닌다. 즉 내부 역량을 검토할 때 이미 확보한 콘텐츠, 조직관리를 위한 경영 기법, 기업문화의 내면화 등의 지점에서 해당 기업만의 강점을 검토하여 절대우위로 키울만한 역량을 추출할 수 있기 때문이다. 즉 세 지점 중 한 지점에서 절대우위를 추출했다면 나머지 요소는 그 절대우위를 중심으로 균형을 갖추고 지원하는 모양새를 취한다. 물론 기업의 경우엔 3요소를 넘어서는 지점까지 적극적으로 검토해야 할 때도 많다. 개인이 습득해야 할 역량보다 훨씬 많은 역량을 흡수하고 빠르게 변하는 시장에 적응하려면 때로는 자신이 지니지 못한 역량을 최대한 효율적으로 습득해야만 하는 상황도 생기기 마련이다. 그것이 콘텐츠 영역과 밀접할 수도 있고, 관리의 영역일 수도 있으며, 인재 유입이 되어야 할 때도 있다. 그 지점을 결정했다면 나머지는 조화롭게 화음을 이루며 절대우위의 잠재력을 끌어올리기 위하여 효율적 균형이 이뤄져야 한다.

그것에 성공한다면 기업의 절대우위를 효율적으로 끌어올린 뒤 +One으로 절대우위의 요소가 조금 더 연장되도록 하면서 차세대 주기를 위한 고민이 병행될 것이다. 그럴 때 내부 역량에서 우선적으로 집중 발굴 역량의 후보군을 구성해야 할 것이다. 그럴 때 절대우위의 효과를 최고로 드러내기 위해 삼각 균형을 맞추고 있을 콘텐츠, 조직관리, 내면화된 인재의 지점에서 차세대의 절대우위로 육성할 만한 요소를 찾아내려는 노력이 선행되어야 한다.

우선, 콘텐츠의 지점에서 절대우위를 추출하는 것은 자연스럽다. 이러한 콘텐츠의 지점에서 제대로 된 콘텐츠를 발굴하려면 기업 자체적으로 확보하고 있는 역량이 무엇인지 파악해야 한다. 만일 정확하게 시장을 예측했지만 필수적으로 확보해야 할 해당 역량을 기업에서도 확보하지 못했다면, 관련 선행 기술 등을 확보하거나 개발하기 위해 최선을 다해야 할 것이다. 이러한 지점에서 절대우위를 발굴하였을 경우에는, 대부분 그 기술력에서 압도적이거나 예상치 못한 혁신으로 모두를 놀라게 한 사례들이 많다. 콘텐츠는 내용적인 면에서 가시적으로 소비자에게 두각을 나타내는 것이기에 기업에서 하는 일을 소비자에게 극적으로 각인시킬 수 있다. 만일 시장이 정확히 예상대로 실현되고, 해당 제품에서 예상했던 성과를 올린다면 시장의 선도자가 될 만한 혁신적 성공도 가능하다. 이를 위해 지금도 기업들은 아직 공개되지 않은 미래 기술의 선점과 확실한 우위를 위해 치열한 물밑경쟁을 벌이고 있다. 예를 들어 요즘에는 4차 산업혁명과 관련된 기술이 중요한 관심대상이 된다. 모두가 근 미래에 4차 산업혁명에 따른 혁신적인 변화를 예상하고 있다. 3D 프린팅, 사물인터넷, 인공지능, 증강현실, 가상현실, 빅데이터, 로봇기술, 자율주행, ICT 융합산업, 생명과학, 태양광 에너지, 재생에너지 등 첨단과학의 요소가 더 포괄적으로 산업에 적용되는 시대가 열릴 것이다. 심지어 우주광물채취산업과 우주여행에 관한 논의도 진행될 정도다.

물론 3차 산업혁명 시대의 수준을 훌쩍 넘을 혁신적 변화에 대비하려다 보면 아무래도 콘텐츠의 지점에서 기업들이 온전히 관련 역량을 확보하지 못했을 가능성도 높다. 비록 4차 산업혁명 관련 기술을 도저히 확보할 여건이 아니라 해도 콘텐츠 지점에서 절대우위로 육성할 역량이 없다고 포기하기엔 이르다. 기발한 아이디어로 틈새에서 흥행할 콘텐츠도 있기 마련이며, 만일 콘텐츠로 확실한 절대우위를 점하기 어렵다면 여러 콘텐츠의 시너지를 내기 위한 관리적 전략을 수립해도 된다.

둘째, 관리하는 조직의 혁신과 혁신적 조직문화의 형성은 '절대우위+One'의 효과를 극대화하기 위해 필수적인 3요소에 속하는 것이겠지만, 이것 역시 절대 쉽지 않고 초기에는 상당한 진통이 따를 수 있다. 그러한 비용을 감안한다면 이 지점에서도 절대우위의 후보를 진지하게 검토할 만하다. 아무 회사나 쉽게 장착할 역량이 아니기 때문이다. 혁신경영의 본질이 혁신적 콘텐츠의 개발을 통하여 이를 관리와 인재적 요소로 뒷받침한다고 보았을 때, 궁극적으로는 콘텐츠 개발을 과감히 할 수 있는 바탕을 마련한다는 것에 의의가 있다. 즉 조직의 본질적 경쟁 요소인 콘텐츠 개발이 활발할 수 있도록 하는 사전 단계의 절대우위라고도 볼 수 있다. 이러한 이유로 관리의 지점에서 혁신적 요소를 찾아내려는 노력도 의미 있으므로 다양한 경영 기법에 대해 검토하기 마련이다. 여기서는 주로 콘텐츠적인 요소인 지식 관련 기술을 효과적으로 운영해야 한다는 관점에서 지식경영에 주로 초점을 맞추려고 한다. 물론 생산 인프라 혁신, 자금 관리, 브랜드 관리, 인재 관리 등 기존의 다양한 관리 기법 역시 '절대우위+One'의 후보가 될 만하다. 즉 콘텐츠 영역에서 '절대우위+One'을 뽑는 것이 소비자들도 인식하기 좋고 본질적으로 기업의 경쟁력 내용 중 가장 선명한 것은 사실이지만, 콘텐츠 영역을 제외하는 경우는 얼마든지 가능하다. 특히 기업의 업종에 따라 서비스기업이나 유통기업처럼 콘텐츠로는 절대우위까지 도달하기 어려운 경우일수록 그러한 기업 자산을 효과적으로 결집시키고 그 잠재력을 극대화하는 데에 중요한 관리 기법에 초점을 맞출 필요가 있다. 또한 콘텐츠 자체가 무형적 속성이 강해서 이를 절대우위로 발굴하여 기업의 수익을 극대화하기 위해서는 지식경영적 요소에 집중해야 하기도 한다. 지식의 중요성이 커지는 요즘일수록 이러한 필요성은 더욱 절실해진다. 이런 관리 능력에서 돋보이는 절대우위를 구축할 경우, 적절한 시점에 콘텐츠의 힘을 발휘하도록 하거나 기업의 강점을 표준화하여 시장을 리드하는 관록을 보일 수도 있다. 또 기업의 지식을 자산화하고 적절한 인재를 영입하여 기업의 경쟁력을 극대화할

수도 있다. 야구로 비유하자면 놀라운 볼 배합으로, 약간의 비교
우위를 점한 구종으로도 타자들을 제압하는 선수를 떠올릴 수 있
다. 구질 자체로 압도하지는 않더라도 타자들을 연구하여 그들의
타이밍을 뺏는 볼 배합만으로도 효과를 극대화하는 것이다. 이럴
경우 관리 혁신만으로도 콘텐츠 혁신에 버금가는 효과를 기대할
수 있다.

셋째, 내면화의 지점에서도 절대우위를 뽑아낼 수 있다. 이에 대
해 자기계발적 차원에서도 언급했듯이 세 가지를 내면화 필수 과정
으로 보았을 때, 콘텐츠를 숙달하는 것은 내면화의 첫 걸음이지만,
어차피 '숙달의 단계'는 콘텐츠의 영역으로 다루면 된다. 또한 '축적
의 단계'에서는 기업 승리의 경험이 쌓이면 브랜드로 외부 소비자
에게 각인되므로, 이에 대해 브랜드의 가치를 향상하려면 관리 지
점에서 기업의 노하우를 적용하면 된다.

다만 온전한 내면화를 '축적된 승리의 역사를 지속하게 하는 경
지'로 보자면, 기업의 총체적인 기초를 위하여 현재에도 미래에도
지속할 역량을 검토하기 마련이다. 브랜드 관리보다 더 전면적이
고 미래적인 것이겠다. 이는 인재육성을 통해 드러난다. 기업에서
는 인재를 지속적으로 육성해야만 그 기업의 문화와 정신을 온전
히 계승하여 반영할 수 있다. 이를 위해 기업 전체의 정신과 가치
를 온전히 기업 인재 개개인에게 내면화하는 기법에 대한 연구가

중요해진다. 그 노하우가 완벽하다면, 그 기업은 무엇을 해도 가능할 것이다. 그 인재가 '신념과 자부심'을 가지고 기업의 정신을 계승한 채로 기업의 살 길을 찾아줄 것이기 때문이다. 기업의 정신을 잘 알고 올바른 방향으로 나아가게 할 인재들이 많다면 그들로부터 콘텐츠의 혁신, 관리의 혁신이 지속될 가능성이 높아진다. 그들의 결집력만으로도 엄청난 자산인 셈이다. 그런 인재를 길러내는 것은 아주 어려운 일이므로, 그 자체를 제대로 육성하는 것만으로도 '절대우위+One'이 될 만한 강력한 후보일 것이다. 분명 이런 경지의 인재육성은 이상적이겠지만, 이런 역량을 확보한다면, 진정으로 '축적된 승리의 역사를 지속하게 하는 경지'라 할 만하다.

 기업 사례1-1:
콘텐츠 혁신, 글로벌 자동차·IT 기업을 중심으로

콘텐츠의 지점에서 '절대우위+One'을 뽑아내려 할 때 모두에게 미지의 기술을 확보해야 하는 경우가 있다. 최근의 코로나19 사태에서도 알 수 있듯이, 2020년 인류의 최우선 과제는 코로나바이러스 백신 개발일 것이다. 이를 개발하기 위해 빌 게이츠는 큰 결단을 하여 7개의 유력한 연구 집단을 골라 공장을 짓는 데에 거액을 투자할 방침을 정했다.[32] 이럴 경우 이미 개발된 인플루엔자 백신 개발 노하우를 참고하게 될 것이다. 그렇더라도 변종 바이러스를 온전히 예방하기란 쉽지 않다. 최근에는 범용 바이러스 백신을 개발하려고도 하고, 이것이 인류의 생존에 얼마나 중요한지 깨닫고는 있더라도 거의 독자 개발을 해야 할 수준으로 변종 바이러스는 새로운 존재와의 대면이라고 해야 할 것이다.[33] 그럼에도 관련 인플루엔자에 대항하던 노하우를 쉽게 저버릴 수 없기에, 그것을 응용하려는 것은 합리적인 선택이다. 또한 오래 전 예견했으나 예상과 달리 그리 가속화되지 않았던 지점으로는 재택근무와 디지털 교육 인프라일 것이다. 직접적으로 시행할 기회를 잡지 못한 채 여러 집단의 이해관계가 얽혀 제대로 실험할 기회가 적은 편이었다. 그런 지점에서 코로나19 때문에 최근 본격적인 실행을 하면서 향후의 방향을 달라지게 할 가능성을 보여주고 있다.

사실 미래에 대해서는 누구도 알 수 없기에 이처럼 뜻하지 않은 변화에 급하게 대응해야 하지만, 4차 산업혁명처럼 누구나 필연적인 수순으로 보는 변화도 있다. 세부적으로는 어떻게 변화할지 온전히 알 수 없더라도 이미 상당한 수준으로 산업의 빅뱅을 대비하는 움직임이 활발하다.

앞서도 언급했듯이 콘텐츠의 지점에서 최첨단의 기술을 확보하려는 사례를 떠올려볼 수 있다. 이들은 진정한 의미로 시장의 선도자라 할 수 있다. 그런 맥락에서 개인적으로는 '패러다임의 위대한 창조자들'이라고 부르는 유형이다. 시대를 선도하는 수준의 역사적

의미를 띠는 행보를 펼치는 기업들로 단순히 이익으로만 환산되지 않는 위대한 기업 정신을 발현하는 경우라고 하겠다.[34] 경제사의 세계적인 경향까지도 바꾸어버릴 정도니 예술로 치면 피카소의 입체파 혁명쯤과 비견할 만한 수준의 변화를 이끌어내는 존재라고 해야겠다.

미국 기업 중에는 시장을 선도하고 시대의 패러다임을 바꾸는 역사적인 기업이 많다. 최근에는 전기자동차 시장의 선도자로 **테슬라**를 꼽을 수 있다.[35] 이곳의 최고경영자인 일론 머스크는 단순한 기업가라기보다는 시대를 예언하는 지도자의 이미지까지 얻을 만큼 인기를 얻고 있다. 물론 이들은 영세한 스타트업 기업은 아니다. 애초에 충분한 투자금을 확보한 뒤 시작한 덕분에 유사한 전기자동차 탐험자들과 달리, 시장의 선도적 위치에 설 수 있다. 여전히 그 판단은 유보해야겠지만, 17년이라는 기간 동안 튼실하게 성장해오고 있다. 만일 보통의 스타트업 기업이었다면 자신의 절대우위 역량에 집중하느라 다른 사업을 고려하지 못할 수도 있고, 애초에 확보한 역량 자체가 하나밖에 없을 수 있지만, 테슬라는 조금 달랐다. 현재는 자신들의 절대우위 지점인 전기자동차를 넘어서 자율주행 기술을 확보하고, 우주여행산업과 기존 역량을 활용한 하이퍼루프 사업 등 모두가 혁신 중에서도 최첨단에 속할 만한 사업에도 투자하기 시작했다. 테슬라의 시가총액이 이미 전기자동차 분야에선 1위였으며, 2020년 6월을 기점으로 GM과 다임러(벤츠)

에 이어 도요타까지 따돌리고 글로벌 자동차 업계 시가총액 1위를 기록하였다.

이러한 테슬라의 +One으로는 기존 역량을 응용한 하이퍼루프 사업일 수도 있고, 애초에 최고경영자인 일론 머스크의 신뢰도와 스타성 자체가 테슬라의 이미지를 높인다는 점에서 혁명가적 인재인 CEO를 +One으로 볼 수 있다. 이때 혁신적 인재는 내면화의 요소에 속한다. 일류 기업에는 첨단 기술이라는 콘텐츠적 요소만큼이나, 기업의 정신을 잘 이해하고 발굴해내는 인적 리더가 중요할 때가 많다. 한편 테슬라의 차세대 사업의 경우엔 아직 확정된 것으로 보기는 어렵지만 일단 우주 관련 투자를 주목할 만하다. 또한 전기 자동차 시장 역시 이제 성장기 초입단계이고, 새로운 시장이 본격화될 때 기존 글로벌 전통 자동차 기업들이 어떤 전략으로 대응할지 아직 알 수 없으므로 조금 더 지켜봐야 할 필요가 있다. 이 역시 테슬라가 최첨단에 서 있다는 방증일 것이다.

최근에는 4차 산업혁명으로 자동차 산업뿐만 아니라 다양한 산업군에서 인공지능의 가능성이 검토되는데 그럼에도 우리의 생활을 크게 바꾸는 가시적 변화의 첨병은 자동차산업의 자율주행차다. 세계 굴지의 혁신 기업들이 자율주행 플랫폼을 개발하기 위해 많은 힘을 쏟고 있다. 전통적인 자동차 업체인 BMW, 벤츠, 아우디 등에서만 관심을 보이는 것이 아니다. 아예 애플, 구글, 인텔 등 자동차와 거리가 먼 것처럼 보이던 기업들마저 적극적으로 깊이 개입하고 있다.[36] 애플이 테슬라를 인수합병하려고 한다는 소문이 돌고, 애플과 테슬라의 인재 영입전이 벌어지는 등 최첨단 영역에서 절대우위를 선점하려는 노력이 치열하다. 컴퓨터나 아이팟을 만들던 애플이 휴대폰 시장의 절대강자가 되어 노키아와 모토로라의 아성을 무너뜨릴 것이란 아무도 예상을 하지 못했지만, 이제는 현대자동차도 구글의 웨이모가 지닌 자율주행 기술이 자신들의 생존에 큰 위협이 될 것으로 염두에 두어야 한다. 최근 애플의 CEO 팀 쿡에 따르면, 애플이 자동차 자체를 생산하기보다는 자율주행 플랫폼에 주력할 것이라 했다. 즉 자동차에 적용하는 일련의 자율주행 기술을 패키지로 구성하여 수많은 업체들이 경쟁을 벌일 것이고, 그중에 절대우위를 점하는 곳이 탄생할 수도 있다. 그리고 이러한 자율주행에 최적화된 반도체를 설계하기 위해 퀄컴, 엔비디아, 인텔 등의 치열한 경쟁도 예상된다. 그런가 하면 자율주행차로 자동차의 소유 방식이 달라져 자율주행 택시에 집중하는 우버라든지, 구글 웨이모 등의 미래를 향한 적극적인 모색도 있다. 아직 어떤 식으로 자율주행차가 소비될지는 아무도 정확히 예상하기 어렵기 때문에 이에 대한 각 기업의 대비책이 다양한 셈이다. 아마도 모든 기업이 저마다 원하는 대로 성취하지는 못할 것이다. 어떤 기업은 절대강자로 군림하고 많은 기업이 실패로 기억할 수도 있을 것이고, 일련의 기업군이 과점을 형성할 수도 있을 것이다. 아무것도 예단하긴 어렵지만 가까운 미래의 절대우위 지점은 비교적 명확하기에 그 기술을 확보하기 위한 많은 기업이 뛰어든 상황이다.

모두가 산업혁명사의 패러다임을 바꾸는 위대한 창조자가 되려는 움직임을 보이는 셈이다. 현재로선 자율주행 기술을 비롯한 4차 산업혁명에 해당할 만한 산업군에서 이러한 가능성을 점칠 수 있다. 향후 테슬라와 아마존이 주도하는 우주 산업군의 혁명이 본격적일 수도 있겠지만, 현재로선 자율주행차의 혁명이 조금 더 가까운 시기에 우리가 겪을 변화일 듯하다.

물론 이러한 위대한 변화를 연출하는 패러다임의 창조자들은 시대마다 세계 경제를 뒤흔들고 새롭게 재편된 경제 생태계의 최강 포식자가 되거나, 기념비적 위상을 얻었다. 현재 애플의 경우가 최강 포식자의 위치에 선 경우라면, **퀄컴** 역시 우여곡절 끝에 자신의 주력 기술인 CDMA로 시장의 표준을 만들었다.[37] CDMA의 성장은 피처폰, 스마트폰의 성장과 궤를 같이 했다. 그것으로 4G 스마트폰 시장에서 CDMA의 핵심 통신 기술로 절대우위를 점한 후 급속한 성장세를 보였다고 할 수 있다.

제록스의 팔토알토 연구소의 경우엔 복사기 회사지만 지금의 컴퓨터에 들어가는 중요한 기능을 개발해놓고도, 저주받은 천재처럼 전설적인 위상을 얻었다. 제록스는 팩시밀리 제품을 자신들이 초기에 개발해놓고도 상용화에 매진하지 않음으로써, 후대 기업들이 관련 기술로 상품을 출시하여 세계 경제를 뒤흔들 수 있는 행운을 넘겨주었다. 애플의 스티브 잡스가 영감을 받았던 회사이기도 하다. 그는 제록스의 컴퓨터 기술 등을 보며 위대한 혁신을 꿈꾸었다.

사실 **애플**의 경우엔 모바일 기술, CDMA 기술 등 다양한 기술에서 자신이 절대우위 요소를 확보한 게 많진 않다. 심지어 경쟁자인 삼성의 기술마저 애플의 아이폰에는 담겨 있다. 이처럼 모든 것에서 압도하지는 못했어도 애플은 남달랐다. 그 모든 것을 종합할 수 있는 안목을 지녔기 때문이다. 스티브 잡스는 스마트폰의 가능성을 단순히 전화기에 한정시키지 않는 독창적인 발상을 하였다. 그 덕분에 현재도 세계 시장에서 애플은 절대 강자의 이미지를 구축하고 있다. 휴대폰 업계뿐만 아니라 전체 산업에서도 애플의 이미지는 첨단이요, 최상위의 제품 이미지를 구축하고 있다. 현재 스마트폰의 절대우위를 지켜내려 하면서 삼성과 화웨이의 추격을 뿌리치려는 과정에 있다. 어쩌면 아이폰이 혁신 중의 혁신으로 여기던 때보다는 약화된 모습일 수 있지만, 여전히 견실한 모습을 보여주고 있다. 그들은 아이폰이라는 플랫폼으로 소비자들의 소비를 자연스럽게 이끌어낸다는 점에서 여전히 절대우위적 요소를 지속할 수 있을 것이다. 그런 면에서 플랫폼 구축을 통해 연계적 콘텐츠 소비망을 짠 것을 +One으로 볼 수 있다. 단순히 플랫폼을 통해 다양한 어플리케이션을 구매하는 것을 넘어서, 아이클라우드를 통하여 아이폰 아이패드 아이팟을 연계시켜 충성 고객을 늘린 것 역시 아이폰의 생명을 더 늘리는 데에 도움을 줄 것이다. 아이폰으로 MP3를 듣고 카메라를 활용하면서 주변 산업까지 결합해나가는 것 역시 아이폰의 강점으로 최초로 성공한 제품이라는 브랜드 이미지는 애플의 지속적인 성장에 큰 기여를 하였다. 자율주행쪽으로 차세대를 잡더라도 아이폰의 통합망은 여전히 확장 적용될 것이므로, 기존 절대우위가 자율주행 플랫폼의 +One으로 전환되어 지속될 가능성까지 점쳐볼 수 있다. 스티브 잡스라는 특출난 CEO가 애플에 선물한 값진 전략으로 보인다. 그런 면에서 애플의 진정한 +One이었던 요소는 바로 스티브 잡스였고 그 자체가 기업의 가능성을 보여주는 이름이기도 했다. 이제는 그에게 1달러조차 투자할 필요가 없어졌으니, 그는 애플의 혁신을 상징하는 기본값으로 애플의 영원한 자산이 되었다고 할 수 있다.

그런가 하면 살아서 자신이 창업한 기업에 지속적으로 좋은 이미지를 돌려주는 인물도 있다. 바로 빌 게이츠다. 그는 **마이크로소프트**라는 전설적인 기업의 창업주로서, 현역 CEO에서 은퇴하고서 세계의 백신 나눔 사업 등 다양한 사회봉사를 실천하고 있고, 빌 게이츠와 함께 붙어 다니는 이름인 마이크로소프트에 선순환을 해준다고 보인다. 코로나19로 인해 재택근무가 '뉴노멀'이 된 최근에도 견실한 실적을 내고 있다. 자신의 기기뿐만 아니라 외부 서버에 사진·문서 등을 저장하고 어디에서든 접속해서 다운 받을 수 있는

데이터 저장고인 '클라우드' 비지니스와 원격 업무 시스템인 '팀즈(Teams)'가 혁신의 주 무기들이다.

90년대 PC 시장과 윈도우 운영체제 시장을 싹쓸이하다시피 한 실적이 비교될 뿐이다. 사실 마이크로소프트의 옛 영광은 대단하다고 본다. 불과 80년대에 일본은 뜨는 태양으로 미국 뉴욕의 부동산 시장에도 개입하고, 미국을 세계 최대 채무국으로 만든 장본인이기도 했다. 도요타, 닛산, 소니, 파나소닉, 도시바 등 일본 기업은 거칠 것이 없어 보였다.

그런데 천지개벽이라고 느낄 만한 한 순간에 상황을 뒤집었다. 실리콘밸리를 중심으로 미국 기업이 용의 잠에서 깨어났지만, 일상에서 소비자들이 느끼는 분명한 변화는 마이크로소프트로부터 시작되었다. 아무도 컴퓨터를 집에 들여놓는다는 발상에 익숙하지 않을 때 마이크로소프트는 인텔과 손을 잡고 충분히 저렴한 PC로 세상을 정복했다. 그것은 인터넷이라는 신세계와 함께 폭발하여 빌 게이츠 자체가 미국 첨단 산업의 전부라고 인식될 만큼 사람들에게 깊이 각인되었다. 정말 일본의 위세가 영원할 것 같았고 미국은 절대 일본을 이기지 못할 것이란 생각이 지배할 때 너무도 간단하게 판세가 뒤집히는 상황을 목도하고 나니, 사람들은 "역시 주입식 교육으로 세계 1위까지는 되기 어렵다"는 반응을 보였다. 순식간에 전혀 새로운 접근법으로 다른 사업을 들고 나와 판을 뒤집어 버린 것이니, 그것에서 가장 도드라져보이던 마이크로소프트가 패러다임을 바꾼 위대한 창조자로 보이는 것은 당연하다. 그러한 위대한 혁명을 가능하게 했던 비메모리 반도체의 절대강자 인텔과 관록의 컴퓨터 제조업체 IBM, 그리고 실리콘밸리의 혁명적 기업군이 모두 대단한 존재들이지만, 소비자들에겐 마이크로소프트의 위력이 대단했다. 일종의 스타 중의 스타였다고 해야 할 것이다. 사람들의 생활은 체감적으로 정말 많이 바뀌었다. 심지어 스티브 잡스의 스마트폰 혁명조차 아날로그에서 디지털로 생활을 대전환시킨 90년대 PC 보급 사건보다 더 충격적이지는 않은 듯하다. 모든 가정에 1PC를 두겠다는 말도 안 되는 것 같은 공약, 심지어 모든 개인이 전화기를 들고 다니는 시대가 올 것이란 예견을 듣고는 그때는 많은 이들이 믿지 못했던 기억이 난다. "삐삐면 족하지 뭐. 욕심 안 부려. 200만 원짜리 휴대전화를 어떻게 들고 다녀?"라는 말을 듣기도 했었다. 그 모든 의아함이 90년대에 다 해소되었다. 아무렇지도 않게 그 모든 일이 실현되는 것으로.

약간 더 과거로 거슬러 올라가보면 80년대의 **소니**가 워크맨으로 세상의 모든 음악을 길거리로 끌어낸 것을 들 수 있다. 일본이 제2의 경제대국으로 곧 미국도 앞지를 것이란 전망으로 가득할 때, 소니는 '휴대'의 개념으로 문화 향유의 폭을 넓혔다. 휴대폰으로 통신과 소통의 폭을 넓힌 90년대에 비견할 정도인지는 개인에 따라 다른 견해가 있겠지만, 상당한 수준의 변혁이라고 할 수 있다. 그건 80년대의 매킨토시 역시 그랬다. 비록 패러다임의 변혁까지 이끌어내지는 못했지만, 그건 사실 모든 인프라가 갖추어졌을 때 시대가 요구하는 것일 수도 있다. 사실 90년대에 모두가 공유하는 인터넷이란 플랫폼이 구축되지 못했다면 과연 마이크로소프트를 비롯한 일련의 PC 산업이 그토록 성장했을지 확신할 수 없다. PC로 할 일이 많아져 인터넷망을 통하여 게임도 가능해지고, 소통도 더욱 신속해졌다. 그 공유의 지대를 점점 사유화하지 못하면서 정액제마저 과거의 낡은 유물처럼 만들었을 때 한국에서는 관련 산업이 폭발적으로 성장했다. 훗날 스마트폰의 플랫폼 구축을 위하여 통신 문자 서비스를 무료로 제공하는 것과도 유사해 보인다. 이 모든 것이 가능하려면 일단 저변이 확보되어 있어야 했으므로, 반드시 이를 위한 선도자가 있기 마련이다. 위대한 성과는 처음에는 수많은 실패와 작은 성공이 축적된 뒤에 가능한 셈이다. 진정한 의미로 '갑자기 혼자서 하늘에서 뚝 떨어지는' 위대한 변화란 아주 드물다고 할 수 있다.

그런 면에서 보면 분명 애플의 혁명적 시도는 저주받은 천재의 위대한 개척이라 할 만하다. 매킨토시로 세상을 뒤흔들지는 못했더라도 PC가 아름답다는 것을 알린 공로는 마이크로소프트의 성과와 비견할 만하다.

기업 사례1-2:
콘텐츠 혁신, 글로벌 솔루션 기업을 중심으로

이처럼 위대한 창조자들이 패러다임을 바꾸고 나면, 변화의 흐름을 잘 이해한 선도자들이 내실 있는 콘텐츠로 세상을 채운다. '새로운 경향의 초기 적용자들'이다. 예를 들어 정보와 검색엔진의 중요성을 이해하고 사람들이 선뜻 알기 어려운 수익 창출로 IT계의 공룡이 된 **구글**을 떠올릴 수 있다. 일반 소비자들로서는 도대체 구글이 뭘로 돈을 벌기에 그토록 "구글"거리는지 궁금하다는 질문도 많이 했지만, 그건 정보의 중요성을 간과한 발언일 것이다. 네이버와 다음이 세상에 이름을 알리기 시작했을 때인 20년 전, 아이러브스쿨이라는 작은 업체가 자신들의 인적 콘텐츠로 고평가를 받을 때 소비자들은 대체 정보가 그토록 돈이 될 수 있다는 걸 충분히 깨닫지는 못했다. **페이스북**이 SNS로 세계적인 평가를 받고, 트위터와 경합을 벌이던 시절에는 이제 조금씩 기업들이 무엇을 위해 치열하게 이용자를 확보하려 하는지 자연스럽게 알게 되었다고 해야 할까. 정보의 시대였다. 무형의 지식도, 단순한 정보도 다 가치로 매길 수 있었다. 구글의 압도적인 성장을 보면서 소비자들은 진짜로 뭔가 변화가 생기고 했다는 걸 직감해야 했다. "자동차나 가전을 생산하지 않고도 세계적인 기업이 될 수 있다"는 걸 온전히 받아들여야 했다. 이러한 혁신 기업들은 패러다임의 창조자들이 세워놓은 질서를 잘 이해하고 새로운 생태계의 주역으로 성장했다.

또 구글처럼 새로운 시대의 위대한 창조자로 도약하기 위해 인공지능 기술과 자율주행 등에 많은 투자를 하기도 한다. 이들과 경쟁을 벌이는 **IBM**은 왓슨이란 인공지능을 개발하고 있으며, 1997년에는 딥블루란 인공지능으로 세계 체스챔피언을 이기는 기록을 남기기도 했다. 또한 구글과 양자컴퓨터 경쟁을 주도하며 훗날의 더 큰 도약을 준비하기도 한다. 그 경쟁에서 이긴다면 훗날 다시 한번 패러다임을 뒤흔들 가능성이 충분하다. 이처럼 기업들은 자기 자리에만 만족하지 않는다. 더 큰 도약을 위해 준비를 하면서 현재의 경쟁에서도 살아남기 위해 최선을 다한다. 때로는 안 좋은 결과도 생길 수 있다. 그런 이들 중에서 절대우위나 경쟁우위를 확보하지 못하고 도태하는 경우도 있었다. 디지털 카메라 기술을 개발해 놓고도 필름 카메라의 절대우위만을 고집하던 코닥의 몰락이 떠오른다. 노키아의 쇠퇴는 또 어떤가. 기업의 흥망성쇠는 아무도 알 수 없을 일이다.

아마도 현재로선 OTT 시장의 경쟁이 흥미롭다. 조만간 최후의 승자가 가려지지 않을까 한다. 코로나 시대로 들어서면서 비대면 접촉의 소비가 보편화될 것으로 예상되는 가운데,[38] '뉴노멀' 시대에 **넷플릭스** 등이 더욱 주목받고 있다. 현재 디즈니도 OTT 시장에 뛰어들었고, 넷플릭스와 왓챠 등이 경쟁을 치열하게 한다. HBO에서는 기생충을 드라마화하기로 했다. 한국에서는 푹, 티빙 등이 있으며 유튜브는 동영상스트리밍을 하면서 유튜브프리미엄으로 경쟁을 하고 있다. 각종 콘텐츠를 집결시켜서 문화 시장에서 치열한 승부를 시작했다. 현재로선 넷플릭스가 가장 유리한 고지를 선점했다고 평가받지만, 여전히 알 수 없다. 활발한 경쟁을 통하여 누군가는 도태하고 누군가는 생태계의 왕으로 확고해질 것으로 보인다.

그런 경쟁에서 살아남으면 뜻밖에 오래 지속되곤 한다. 샤넬, 나이키, 코카콜라처럼 충분히 다른 기업도 많고 그들이 대단한 혁신을 한 것도 아니다. 호텔 등에서도 오랜 명성의 5성급 호텔이라는 명성을 구축하는 경우도 있다. 인앤아웃은 맥도날드의 관리력과는 대비되게 신선한 제품으로 콘텐츠의 비교우위를 점하며 미국에서 착실한 지위를 확보해나가고 있다.

한마디로 그들은 우리가 늘 필요로 하던 부문에서 견실한 성장을 지속하고 있다. 나는 이러한 기업들, 엄청난 혁신의 산업군에 속해 있지는 않지만 대단한 면모를 보이는 기업들을 '견실한 패셔니스타'라고 부르곤 한다. 대개 그들은 콘텐츠 자체로 초기에 우위를 확보하고, 오랫동안 검증하면서 탄탄한 콘텐츠들을 확보하고 있다고 할 수 있다. 많은 위대한 기업이 패러다임을 흔들고 선도자로 압도적인 위상을 지니면서 자신들의 역사를 '축적'하는 데에 성공한다면, 이들은 누구나 흉내낼 만한 요소로 견고하고 착실하게 살아남아서 '축적된 승리의 역사를 지속하게 하는 경지'에 이르곤 한다. 이를 위해 처음에는 콘텐츠의 기술력에서 높은 수준의 경쟁우위를 확보하곤 한다. 명품이라는 이미지의 시작은 초기 제품의 독보적인 경쟁력 덕분이었다. 코카콜라의 경우엔 모든 음료 시장에서는 대체재가 많지만, 콜라 시장 자체를 창조했다는 점에서 위대한 창조자로 볼 수도 있다. 또한 그들의 브랜드는 단순히 명성으로 내면화된 상태라기보다는 현재 코카콜라 클래식은 뉴코크 등의 자사 제품이나 경쟁업체의 펩시를 비교해서도 여전히 강력한 우위를 점하고 있다고 평가할 수 있다. 이처럼 콘텐츠적인 면모가 훗날 기업의 수명을 늘리는 데에 중요한 역할을 한다. 설령 최고 수준이 아니었다고 해도 꾸준히 높은 기술력을 확보하고 시장에서 살아남는다면, 그것만으로도 기업 승리의 역사가 축적될 좋은 여건을 확보한 것이겠다.

 기업 사례1-3:
콘텐츠 혁신, 국내 혁신 기업을 중심으로

현재의 한국 기업들은 세계 경제의 패러다임을 주도할 역량이 충분하다고 판단한다. 다만 현재까지 한국에서는 미국 등지의 서구권의 후발주자로 선도자를 벤치마킹하여, 빠르게 경쟁력을 확보하는 기업들이 많았다. 즉 한국은 세계 경제의 후발주자였기에 패러다임을 뒤흔들었던 위대한 창조자형의 기업은 아직 없었던 것으로 보인다. 개인의 영역에서도 노벨상의 핵심 분야인 과학 분야에서 상을 못 받은 것은 우리 문화의 창조와 혁신을 수용할 입지가 부족한 것은 아닐까 하는 생각을 들게 한다.

하지만 시대는 변하기 마련이다. 우리는 그동안 착실히 세계 경제 흐름을 익혔고 점점 선두주자로 나서고 있다. 그리고 이제는 추격자에서 선두주자로 나아가고 있다. 또한 세계 경제 패러다임을 뒤흔들 만한 역량을 확보하려고 노력하고 있다.

삼성의 메모리 반도체 사업은 '승수효과'를 누리고 있으며 절대우위의 경쟁력을 갖고 있다. 삼성의 +One인 휴대폰 사업 역시 절대우위는 아니더라도 최상위권에 속한다. 과거에는 삼성 역시 이미 형성된 세계의 시장 흐름을 빠르게 학습하고 그것에 적응하려는 후발주자의 면모가 강했다. 그런 기업들 중 수재형의 역량을 보였기에 세계적으로 '새로운 경향의 초기 적용자들' 유형에 속했다. 사실 이병철 회장이 반도체 분야에 뛰어든다고 했을 때, 우리나라에선 불모지 수준이어서 인프라라고 할 만한 게 없었다. 일본 등 주변국에서도 삼성의 반도체 진출을 무모하게 보는 평가가 많았다. 그럼에도 혁신의 투사처럼 과감하게 기술력 및 인재 확보에 나서면서 결과적으로 현재는 삼성의 절대우위 역량이 되었다. 현재는 메모리 반도체 분야에서 꾸준하게 경쟁력을 유지하면서 최근에는 대일 무역 전쟁으로 일본의 최상질의 부품을 받는 대신 부품 국산화 시도를 하고, 협력업체의 다변화를 위한 새로운 상황에 처해 있다. 삼성의 역량을 보건대 역시 대단한 결과를 보일 것으로 기대해본다. 이러한 대처 능력의 축적과 기본 핵심역량이 쌓이면서 이제 삼성은 스마트폰 시장에서도 '새로운 경향의 초기 적용자들' 중에서는 선봉에 서는 역할을 하고 있다.

국내로 범위를 좁히자면, 삼성은 이미 초고속 성장을 위해 대기업의 성장을 장려했을 산업화 시대부터 주요 역군에 속했다. 당시 정부가 '패러다임의 위대한 창조자'라면 일련의 대기업들이 '새로운 경향의 초기 적용자들'에 속했고, 삼성 역시 이미 이때부터 한국경제의 선도적인 역할을 담당했다. 다만 세계적으로 범위를 넓히면, '새로운 경향의 초기 적용자들' 중에서도 후발주자에 속했는데, 최근의 움직임을 보면 삼성은 세계적으로도 초일류기업으로 애플과 신경전을 벌일 만한 대단한 위치에 서 있다. 그리고 모든 정책을 5년 뒤를 보고 투자할 역량을 확보하고 있다. 스마트폰 시장에서 재빠르게 노키아를 밀어내고 애플에 대적할 존재로까지 성장하면서, 앞으로의 행보가 더 기대된다. 어쩌면 이제는 삼성 스스로 세계 경제 패러다임을 뒤흔들 위대한 창조자의 반열에 설 순간도 있지 않을까. 실제로 그러한 준비는 착실히 진행되고 있다. 최근 이재용 부회장은 자식들에게 기업 경영권을 계승하지 않겠다고 대국민 약속을 했다. 만일 전문경영인제도를 도입하고 기업문화 자체도 글로벌 기준에 맞춘다면, 기업의 총체적인 면에서 세계 경제의 첨단으로 올라서려는 사전 작업으로 평가할 수도 있다. 삼성은 이제 기술적으로는 세계 경제의 패러다임을 주도할 만한 역량이 있다고 보기에, 향후 놀라운 행보를 기대해볼 만하다.

현대기아자동차의 경우에도 제네시스 브랜드 출시로 세계적으로 주목받으며, 한국산 자동차의 위상을 높이고 있다. 최근 자율주행차에 대한 성과를 기대해볼 수도 있지만, 현재로선 절대우위가 불분명하다. 국내에서는 현대차로 1위의 입지를 유지하면서 기아차로 +One의 대체재 역할을 한다고 볼 수 있다. 과거에는 수입차를 제한하는 외부 요인 덕분에 '절대우위+One' 전략 수행에 도움을 받았었다. 하지만 근래에는 외국산 차량이 많아지면서 현대기아자동차만의 절대우위가 분명하다고 말하기 어렵고, 해외에서도 절대우위를 확보하려는 후발주자일 수밖에 없다. 더구나 미중 무역 갈등이 장기화되고, 환경 규제 강화 추세가 확대되는 상황에서 최근 코로나19 사태까지 겹쳐 경제가 최악으로 치닫고 있다. 필연적으로 선진국 판매의 부진이 심화되다 보니 당분간 자동차 산업의 저성장 기조가 지속될 것으로 보인다.

향후 전기자동차와 자율주행차로 재편될 상황까지 고려하면 생존을 위한 치열한 경쟁을 치러야 할 것으로 보인다. 기존 글로벌 자동차 회사뿐만 아니라 애플, 구글, 우버와의 새로운 패러다임의 경쟁 환경이 조성되었기 때문이다. 이에 정의선 현대자동차 수석부회장은 미래 먹거리인 전기자동자와 자율주행차에서 확고한 글로벌 경쟁력을 갖추기 위해 과감한 투자를 하고 있다. 또한 최근엔 삼성과의 윈윈 전략을 수립하고 4차 산업혁명 시대를 대비하고 있다.[39]

물론 국내에서는 정주영 회장의 신화로도 잘 알려진 현대건설의 약진은 우리 산업사에서 가장 주목할 만했다. 국내에서는 '새로운 경향의 초기 적용자들' 중 항상 첫 번째로 주목받을 만했다. 조선업 역시 정주영 회장의 뚝심을 보여주며 우리 60~70년대 산업 부흥기를 이끌었다는 상찬을 받을 만하다. 국가 기간산업의 구축과 함께 해외로 산업역군을 보내 중동 건설붐을 일으킨 것으로 보면 해외에서도 '견실한 패셔니스타'에 속할 만한 좋은 행보를 보였다. 모든 면에서 현대의 약진은 두드러졌다. 이러한 훌륭한 내면화의 요소가 미래에도 이어져 현대의 명성을 드높일 수 있을지 관심을 지니고 지켜보고 싶다.

　SK의 경우엔 통신사업으로 국내의 대기업 순위가 급격히 높아졌다. 90년대 SK는 011 등으로 고급스러운 기술력의 기업으로 인지되었다. 선경이라는 이름으로 시작하여 SK라는 이름으로 날아오른 오렌지색의 세련된 나비로 느껴진다. 하지만 통신사업 이외에는 뚜렷하게 소비자들에게 각인된 사업이 없었다. 주유소, 건설 등에서도 평범한 수준을 넘어서질 못했고 휴대폰 사업에서도 자신들의 브랜드를 붙였다가 조용히 시장에서 퇴장했다. 현재는 하이닉스를 인수하여 반도체에서 수익을 내면서 세계 메모리 반도체 시장에서 어느 정도 입지를 구축했지만 절대우위를 지녔다기보다는 그 성장 가능성을 검토할 만한 역량이라고 보는 편이 적절하겠다. 또한 이마저 콘텐츠 자체를 독자적으로 개발했다기보다는 지식경영적으로

M&A의 결단이 성공한 사례라는 점에서 콘텐츠의 지점보다는 관리의 측면과 최태원 회장의 리더십을 더 주목할 필요가 있다.

LG 역시 세계적인 관점에서 뚜렷하게 절대우위를 확보한 역량은 없다. 다만 스마트폰이 보편화되기 전부터 미국 시장에서 샤인폰, 초콜릿폰 등 고급스러운 이미지의 휴대폰으로 주가를 올리고 있었다. 모토로라와의 경쟁을 위해 CDMA 통신 기술을 적용한 것도 스마트폰 시장에서 치고 나갈 좋은 인프라였다. 그럼에도 기존 휴대폰 시장에서 최상위권에 군림하던 분위기 탓에 효과적으로 시장 변화에 대응하지 못한 것은 큰 실책으로 보인다. 현재 LG는 국내에서는 전자제품 부문 등 여러 분야에서 삼성에 이은 2인자 이미지를 지니고 있다. 이에 LG는 구광모 회장의 주도 아래 LG의 쇄신을 진행하며 새로운 약진을 준비하고 있다. '구광모의 실용주의'로 통하는 경영 방침에 따라 글로벌 경쟁력 강화를 위한 많은 변화가 예상된다.[40] 이런 분위기 속에서 그룹 차원의 자동차 사업을 향후 성장 동력으로 추진하고 있고, 특히 LG화학의 경우 일본 파나소닉, 중국 CATL 등을 제치고 글로벌 전기차 배터리 사용량 1위에 올랐다. 이는 2020년 1분기 세계 각국에 등록된 전기차의 배터리 사용량 가운데 27.1%를 차지한 결과이다.[41] 또한 LG의 가전 사업부문을 그룹의 캐시 카우로 삼고, 이 부문에서도 절대우위의 글로벌 경쟁력을 갖추기 위해 M&A 시도 및 공격적인 투자를 하고 있다. 4

차 산업혁명이 주는 기회가 강렬한 만큼 그것이 불러올 문제점 역시 벅차고 무겁다. 도전을 기회로 바꿀 수 있도록 LG의 새로운 모습을 기대해 본다.

롯데 역시 국내에서 유통업의 선두주자로, 백화점과 대형마트, 과자 아이스크림 등 소비자에게 뚜렷하게 각인될 분야에서 내내 산업의 주축 역할을 했다. 그들에게 백화점은 국내에서 절대우위에 있다고 할 만하다. 그들에 견줄 만한 경쟁자는 신세계와 현대 정도이기 때문이다. 또한 롯데제과의 초코파이와 롯데칠성음료의 사이다, 롯데삼강의 아이스크림 등은 형제기업인 농심의 라면 등과 함께 한국의 먹거리를 상당 부분 책임졌다. 롯데의 +One으로 주로 스낵류나 사이다를 꼽을 수 있을 것이다. 이렇듯 조용한 강자로 자리매김하고 있었지만, 최근에는 경영권을 두고 진통도 있었다. 또한 시대의 변화에 맞춰 체질 개선을 위한 대대적인 변화를 예고하고 있다. 2020년 운영 전략에 따르면, 오프라인 점포 수를 약 30% 줄이려는 계획을 세운 것이다. 그동안 국내 유통업계의 최강자로 군림해온 롯데의 선택이기에 혁신적 변화를 서두르는 것이 무게감 있게 다가온다. 현재 롯데쇼핑은 백화점과 마트, 슈퍼 등 718개 오프라인 점포를 운영하고 있다. 이 중에서 향후 5년 동안 수익이 나지 않는 200여 개 점포를 구조조정하려고 한다. 신동빈 회장 체제에서 롯데는 이러한 강도 높은 구조조정을 통하여 새로운 변화를 이끌어내려는 움직임을 보인다.

　최근에 약진한 기업으로는 네이버, 카카오 등이 떠오른다. 대개는 21세기 인터넷, 스마트폰 어플리케이션 산업의 강자들이 두각을 나타내는 것이다. 이들 역시 4차 산업혁명 시대의 새로운 대한민국의 경제 주역으로 자리매김하기 위한 후발 혁신 기업으로서, 세계적인 관점에서는 '견실한 패셔니스타' 유형에 속하지만, 나름대로 한국에서 세련된 이미지로 무장한 산업을 주도하고 있다. 또한 이들 역시 변화의 한가운데에서 확장 혹은 혁신의 요구를 받아들이고 있다.

　네이버의 경우엔 구글, 다음 등과 경쟁하며 한국에서 포탈 홈페이지의 절대우위 1인자의 위상을 지켜내고 있다. +One 전략으로서 인공지능, 로봇기술, 자율주행 쪽으로 차세대 절대우위를 발굴하려는 노력을 하고 있다.

　카카오 역시 인공지능과 자율주행의 지상과제를 수행하려는 한편 이것과 연계되면서 기존 카카오톡의 플랫폼 핵심전략을 활용한 카카오 택시, 카카오 카풀 등의 사업을 진행하려고 했다. 카카오 택시의 경우 안착했으나, 카풀 사업의 경우 택시업계와 이해관계가 충돌하여 현재로선 카카오 측에서 사업 계획을 철회한 상태다. 사실 이러한 면모에서 자율주행 사업 쪽의 투자는 연속선상에 있는 것으로 보이는데, 그런 점에서 보면 인공지능과 자율주행 쪽은 +One적인 요소와 차세대 후보군에 속하는 성격을 띤다고 보인다. 한편 카카오

뱅크의 경우엔 온라인 금융으로 카카오 측의 또 다른 차세대 후보군으로 보인다. 인공지능이나 자율주행 쪽에서 카카오가 거물급 기업들과 경쟁하기엔 한계가 보이고, 카카오뱅크는 이미 출범한 상태로 국내에서는 충분히 경쟁력이 있는 것으로 판단된다.

한국의 경우 고속 성장 시대부터 자리 잡았던 대기업 중심의 경제가 지속되고 있다. 그러다 보니 선택과 집중으로 하나의 혁신적 절대우위와 +One을 장착하려고 하기보다는 다각화의 노력을 많이 한 것도 사실이다. 더구나 사회적으로 보면 실패를 할 경우 다시 사회인으로 회복하는 데에 쉽지 않은 구조도 지니고 있어, 혁신적인 모험을 택하기가 쉽지 않아 보인다. 새로운 아이디어를 적용할 문화라기보다는 기존의 성공에 안주하는 바람에 애써 획득한 기본값을 온전히 대혁신의 땔감으로 활용하지 못하고, 오히려 변화를 더디게 하는 장애물이 될 때도 많다. 포스트 코로나 시대의 도래와 함께 새로운 패러다임의 경제 상황을 고려한다면, 우리나라 정부도 미국처럼 과감한 스타트업 업체들의 성공을 위해서는 실패를 하더라도 사회 복귀를 쉽게 할 구조적 지원을 하고, 성과 중심으로 매진할 수 있는 환경 조성을 만드는 것이 중요하다. 또한 글로벌 경쟁력을 갖추고 있는 중견기업을 '절대우위'의 기업으로, '뉴패러다임의 위대한 창조자'가 될 수 있도록 산업 생태계를 과감히 혁신하여야 한다.

기업 사례2-1:
관리 혁신, 글로벌 혁신 기업 중심으로(브랜드 관리)

콘텐츠의 지점은 소비자가 해당 기업을 인식하는 데에 좋고, 마치 제조업이 산업의 본질을 만들 듯, 콘텐츠는 혁신의 중심에 있는 것은 맞다. 하지만 꼭 그것만으로 혁신의 효과를 누린다고 단언할 수는 없다. 때로는 평균 이상 정도의 역량을 효율적으로 결집시켜 시너지 효과를 발휘하는 것이 충분히 가능하다. 이때 관리의 혁신을 통하여 적절히 결집하는 역량이 뛰어나다면 유통업이나 전통적인 기업들도 기존의 제품군으로 최선의 결과를 끌어내곤 한다. 특히 유통업, 서비스업, 전통적 제조업 등에서 시장 자체가 혁신의 면모가 약하고, 누구나 쉽게 따라할 수 있는 특성이 있다면 관리의 혁신으로 대응하는 편이 합리적일 수 있다. 21세기에 들어서 무형지식 자체를 자산화하고, 콘텐츠의 법적 보호와 수익의 극대화를 위해 효율적인 지식관리 및 지식경영적 기법이 그 어느 때보다 중요하다. 인재의 무형적 노하우를 기업에 안착시키는 기법 역시 중요하므로, 혁신적 관리 기법으로 지식경영의 요소는 기술을 강조하는 첨단 기업에서도 여전히 신경 써야 할 부문이다. 즉 소비자들이 콘텐츠로 해당 기업의 이미지를 얻는다고 해도, 그것을 극대화하는 역할, 그래서 브랜드 이미지를 상승시키는 관리 기법은 언제나 중요할 수밖에 없다. 이러한 기법 자체가 콘텐츠의 본질적 경쟁력을 압도하는 기업들도 있기 마련이다.

결국 세계적인 기업이 되려면 콘텐츠 지점에서 절대우위를 뽑아내거나, 일정한 수준의 제품으로 최대의 시너지를 올릴 관리 기법의 혁신적 운용에 중점을 두어야 한다.

우선 글로벌 패션 기업들의 브랜드 관리 혁신은 총체적이고 장기적이며 지속적이다. 이는 산재된 수많은 기업 지식을 하나로 모은 결과이기 때문이다. 몇몇의 뛰어난 기술뿐만 아니라 기업 전체의 흔적을 하나로 집결하여 표면화하는 것으로, 기업 지식의 총체적 명시화 작업이라 할 수 있다. 사실 콘텐츠로 압도적인 절대우위를 지속하는 기업이라면 자연스럽게 기업 브랜드 이미지 자체가 강화되기 마련이다. 기업에서는 소비자에게 더 단일하고 선명하게 브랜드 이미지를 심어주기 위해 기업 이미지를 통합하는 CI(Corporate Identity) 작업에 공을 들이기도 한다. 기술력보다 명성 자체가 더 중요해지는 분야에서는 더더욱 중요한 부문이다. 하루아침에 그러한 이미지가 구축되는 것도 아니어서 장기적으로 일관된 방향성을 유지해야 하기에 단절적 혁신이라기보다는 연속적 혁신 전략일 것이다. 예를 들어 **샤넬**의 경우 다른 제조업을 할 역량이 충분함에도 굳이 패션을 중심으로 한정적 확장을 한 뒤 삼성 등과 협업을 통하여 전자제품에 샤넬의 이미지를 빌려주는 것은 함부로 브랜드를 남용하는 것을 절제하는 방침이다. 그러면서 다른 업체의 역량과 붙여 시너지를 얻기 위함이다. 브랜드 관리에 엄밀할 때 함부로 확장하지 않고 선택과 집중을 할 수 있다. 그것이 멀리 보았을 때는 기업의 생명주기를 안정적이고도 길게 유지하는 원동력이 된다. 이러한 브랜드 구축의 장점은 기업이 단지 콘텐츠의 혁신을 넘어서 소비자가 모르더라도, 그 브랜드의 명성만으로 기업의 본질을 소비자에게 각인시킬 수 있다는 점에 있다. 함부로 혁신의 폭을 더 넓게 공격적으로 할 수 없다는 한계가 있음에도 관리의 측면이나 내면화의 지점에서 절대우위를 점하는 것에 대해 외부에 알릴 때 브랜드는 유의미하다. **유한양행**의 깨끗한 이미지는 브랜드의 힘이기도 하다. 그들의 제품이 구체적으로 떠오르지 않아도 유한양행이 한국 기업사에서 본받을 만하다는 것을 그 이름만으로 안다. 이는 별 전략 없이 모범적 행보의 역사, 승리의 역사가 축적되었기에 가능한 것이기도 하지만, 사실 요즘에는 의식적으로 기업이 원하는 이미지를 구축하여 브랜드 관리를 하고 있으며, 때로는 과감하게 브랜드 이미지의 단일화를 위해 혁신적 선택을 할 수 있다. 브랜드 관리는 꼭 혁신에 이르지 못하더라도 콘텐츠의 영역, 관리의 지점, 내면화의 경지에 이르는 모든 과정에서 진지하게 검토해야 하는 요소인데, 만일 기업의 의도를 정확히 반영하는 강력한 관리 기법으로 무장하고 있다면 기업의 생존과 성장에 크게 도움이 될 것이다.

예를 들어 **프랑스와 이탈리아의 패션 기업**들이 명품 이미지를 유지하기 위해 노력하는 것을 들 수 있다. 또한 구글이나 애플에서도 자사의 일관된 혁신 이미지를 소비자에게 각인시킬 필요가 있다. 모든 역사적인 기업들은 그 이름만으로도 소비자의 가슴에 개성적 의미를 지니기 마련이다. 그렇기에 단순히 기술적으로 완성도 높은 제품을 만드는 것을 넘어, 기업 승리의 역사가 축적된 성과물인 브랜드를 잘 관리하는 것은 매우 중요하다. 브랜드 혁신 작업이 제대로 수행되면, 기업의 모든 성과를 간결하게 명시화하여 소비자에게 상징적으로 알려줄 수 있다는 점에서 매력적이다.

 기업 사례2-2:
관리 혁신, 국내외 혁신 기업 중심으로(효율적 지식경영)

지식경영 관점에서 또 다른 접근으로 기업의 핵심 콘텐츠를 드러내고 효율적으로 관리하려는 혁신을 생각해볼 수 있다. 이 경우 소비자들이 흔히 생각할 만한 혁신적 내용을 관리하는 과정이겠다. 즉 스티브 잡스가 모두의 예상의 깨고 스마트폰으로 세상을 놀라게 했을 때, 그 혁신적인 모바일의 기술력을 보호하기 위해 특허 등으로 삼성과 소송전을 벌인 일화는 유명하다. 물론 **애플**의 스마트폰 안에서는 **삼성**의 특허와 관련된 기술도 적용되었으므로 애플은 디자인, 삼성은 모바일 부품 기술의 특허로 싸운 셈이다. 그리고 이들의 싸움을 지켜보는 퀄컴의 CDMA 기술도 애플의 모바일에는 살포시 담겨 있다. 사실 아주 많은 특허들의 집결지가 애플의 아이폰이요, 그보다 더 많은 콘텐츠들이 아이폰이라는 플랫폼에 담겨있으니, 아이폰은 현대 IT 기술의 총체적 집결지라고도 불릴 만하다.

이처럼 기술 아이디어를 보호하기 위한 특허에 첨예해지다 보니, 특허괴물처럼 생산 시설 하나 없이 사무실만 차려놓고, 특허 서류로 천문학적인 소송을 벌이며 세계적인 기업들에게서 특허료만 챙기는 사례도 생겼다. 또한 **디즈니**처럼 변칙적으로 미키 마우스의 유사 이미지를 지식재산권으로 등록하여 실질적으로 원 미키 마우스 이미지를 다시 보호하는 전술을 구사하기도 한다. 기업은 법이 허락하는 범위 내에서 지식자산을 사회에 환원하지 않으려고 노력한다. **퀄컴**처럼 자신들의 CDMA 원천 기술을 지식재산권(IPR)으로 건실하게 보호하는 사례도 있지만,[42] 앞으로도 무형 지식을 효율적으로 자산화하여 기업의 이익을 극대화하려는 치열한 두뇌싸움은 더 다양한 방식으로 펼쳐질 것으로 예상된다.

반대로 뜻밖의 선택을 하는 경우도 있다. 대표적으로 **테슬라**에서는 전기자동차 관련 보유 특허 중 일부를 무료로 공개하는 파격적인 행보를 보였다.[43] 혹자는 딱히 효과적인 기술을 공개한 것은 아니라고도 하고, 일각에서는 테슬라가 오픈소스 전략을 통해 그들의 특허 기술에 모든 기업이 접근할 수 있도록 함으로써 전기자동차 기술 표준화 경쟁을 선도하겠다는 의도로도 읽힌다. 이는 사실 퀄컴에서도 당면했던 사안이었다. 어렵게 큰 파도를 이겨내고 간신히 CDMA를 통신업계의 표준으로 인정받았지만 후발주자들이 다른 방향으로 선회하지 않도록 하려면, 통큰 결정이 필요했다. 분명

일정 기술을 무료로 공유하는 것은 쉽지 않은 선택이었지만, 그러한 결단을 통해서 그 기술 장벽이 낮아졌고 그만큼 해당 기술이 쉽게 공유됨으로써 퀄컴으로서는 예상 밖의 위기를 줄일 수 있었다. 업계의 표준 기술이 되어 그만큼 퀄컴의 기술적 행보에도 탄력이 붙었다. 이러한 지식경영적 선택을 통하여 기술이 지닌 생명 주기를 연장하며 통신 관련 분야 및 5G 경쟁에서도 1인자의 지위를 확고히 할 수 있었다.

물론 이러한 관리 혁신의 정점은 콘텐츠의 불확실한 수준에도 불구하고 압도적인 성과를 내는 경우라고 하겠다. 이때 관리 기법이 더욱 중요해지고, 때로는 이를 활용하는 CEO의 역량도 중요해진다. 다만 진정으로 해당 기업이 안정화되려면 인재의 개인기보다는 시스템적인 안정일 것이다. 그런 점에서 다각화라는 어려운 상황에서 쉽사리 그것을 정리하기도 어려운 현실을 끌어안고도 대단한 성과를 낼 경우 관리 혁신의 중요성이 더 부각된다. 웬만한 물품의 구색을 맞추어야 하는 **소비재 기업이나 유통업**에서는 관리 기법의 선진화와 공정성이 그만큼 더 중요해지기 마련이다. 즉 지식경영적 관리 혁신은 콘텐츠의 유력한 가능성을 극대화하기도 하지만, 평범한 콘텐츠의 역량을 효과적으로 결집시키는 역할에도 필수적이다.

그런가 하면 광범위하게 퍼져 있는 **다국적 소비재 기업이나 유통업**의 경우 현지화를 위하여 전략적으로 자신들의 절대우위를 변경

하는 경우도 있다. 때로는 자신들이 후발주자가 되는 한이 있더라도 전체와 다른 경향의 선택을 하기도 한다. 이 역시 지식경영적인 선택일 것이다. 예를 들어 홈플러스의 경우엔 영국의 세계적 유통 업체 테스코였지만 세계적으론 월마트와 까르푸보다 입지가 좁다. 그럼에도 삼성의 이름을 빌려 삼성홈플러스란 이름으로 현지화 전략을 폈다. 여러 모로 이마트를 벤치마킹하며 외국 기업의 이미지를 옅게 한 덕분에 현재 대형마트 시장에서 이마트와 함께 양강 구도를 형성하였다.[44] 반면 중국에서 위세를 떨치는 까르푸는 2000 년대 말에 한국에서 철수했다. 월마트 역시 맥을 못 추곤 철수하고 말았다. 그들은 세계 표준화 전략을 고수하였고, 한국의 폐쇄적인 유통업계 환경에 적응하지 못했다. 특히 까르푸의 경우 세계 표준의 매출 전산 시스템을 고수하는 바람에 시스템 활용도 비효율적이고, 그만큼 현지에 맞춘 탄력적인 대응이 어려웠다.

사실 이는 많은 다국적기업이 각국에서 글로벌 전략을 택할지 현지화 전략을 택할지 고심하는 가운데서 충분히 발생할 수 있을 사례다. 또 까르푸가 중국에서는 성공하고, 오히려 이마트가 중국에서 까르푸에 절대적으로 밀리는 것을 볼 때 어느 한 쪽이 반드시 정답이라고 말하기는 어렵다.[45] 다만 현지화 전략을 택하다 보면 각국의 조건에 대응하기 위해 본사의 절대우위와 다른 요소를 끌어내어 현지에 맞는 '절대우위+One'을 구성해야 할 때도 있다. 그럴 때면 적절한 지식경영적 결단이 필요해진다. 때로는 그러한 결단으로 진출의 성공 여부가 판가름되기도 한다. 테스코의 경우 홈플러스로 했던 적응 전략은 기존의 테스코가 하지 않았던 것들이었다. 이랜드가 한국에서는 중저가 의류를 팔지만 동남아에서는 고급 브랜드 전략으로 접근하는 것도 그러한 예로 들 수 있다.[46] 특히 한국의 경우 현지화할 때 과거에는 굳이 한국산이라는 걸 알리지 않는 전략을 택하기도 했다. 국내에서는 한국산임을 강조하며 애국심 마케팅을 하는 것과는 정반대의 방식으로 여러 요인을 활용하기도 한다.

물론 기술력을 강조하는 기업에서 첨단의 이미지를 무장했다면 자신들의 기술을 전수할 수 있기에 일관된 '절대우위+One' 전략을 각국에 적용할 수 있다. 해당 국가에서도 애플이나 삼성 등의 뛰어난 기술력을 유입하려는 것이기에, 기업 입장에서 적극적인 현지화 전략은 크게 중요하진 않을 것이다. 반면 **해당 국가의 행정부**로서는 이들 세계적 기업들의 기술을 전수받기 위한 노력을 다각도로 할 것임에 분명하다. 베트남 행정부가 한국 기업을 유치할 때는 단순히 땅만 빌려줄 리 없다. 중국이 애플의 공장 설립을 인가하고, 아랍에미리트가 한국의 원전 기술을 활용하고자 할 때, 인도네시아가 한국의 전투기를 구매하고자 할 때는 반드시 기술 전수 조건을 검토하기 마련이다. 우리가 퀄컴의 한국 진출을 허용할 시점이었던 1990년대에도 그들의 통신 기술을 우리 시장에 적용하여 인프라를 구축하고 향후 우리만의 기술로 확보하려는 의지가 있었기 때문이다.[47] 이 모든 과정이 지식경영적인 선택과 관련된 것으로 절대우위의 기술로 무장된 세계적인 기업이라면 언제나해당 기술의 특허를 현지에 적용할 때 얼마큼 공유하고 전수할지결정하는 절차가 있기 마련이다. 또한 이 지점에서는 기업의 경우콘텐츠에 압도적인 우위를 점하고 있다면 약간의 의지만으로도 각국에 진출할 만하다.

 ## 기업 사례2-3:
관리 혁신, 국내외 혁신 기업 중심으로(외부역량 유입)

관리 혁신 및 지식경영의 또 다른 관점에서 기업에서 외부 역량을 유입해야 할 때가 있다. 대표적으로 M&A, 외부인재 영입, 벤치마킹을 떠올려볼 수 있다. 행정부가 세계적 기업의 공장을 유치하려고 하듯이, 기업에서도 필수적인 역량을 확보하기 위해 독자적연구를 진행할 수도 있지만 기존의 스타트업 업체나 중견 기업끼리M&A를 추진하기도 한다. 자동차 업체끼리 M&A를 추진하여 생존을 도모하거나 디즈니가 픽사를 인수하고 구글이 웨이모를 인수하듯이 상시적으로 새로운 기술적 역량을 수용하려고 한다. 이러한지식경영적 선택으로 쇠락을 막아낸 사례는 많다. 예를 들어 SK는하이닉스를 인수하기 위해 총력전을 기울였고, 인수에 성공한 덕분에 현재 SK 매출의 상당한 비중을 하이닉스로 지탱하고 있다. 반도체라는 콘텐츠를 개발하기 위해 투자하기보다 이미 갖춰진 인프라를 통째로 인수하는 편이 현명했던 사례다. 지식경영적 결단이 빛나는 경우라 하겠다. **LG생활환경** 역시 능동적인 M&A로 성과를 낸 기업이다. LG생활건강은 차석용 부회장 부임 직전이었던 2004년 매출액은 9526억 원, 영업이익은 544억 원에 불과했지만 15년 동안 성장을 거듭했다. 국내외적으로 어려운 사업 환경임에도 2019년에는 매출액 7조6854억원, 영업이익 1조1764억원의 사상 최대 실적을 일궈냈다. LG생활환경으로서는 최고의 +One이 차석용 부회장이었다고 할 수 있다. 그가 지지부진했던 LG생활환경에서 선택했던 방침은 공격적인 M&A였다. 그동안 20여 건에 달하는 인수합병을 통하여 현재 LG생활환경은 화장품·생활용품·음료 사업 포트폴리오와 럭셔리 화장품 부문에 입지를 튼실하게 구축해 나가고 있다. M&A의 귀재인 차석용 부회장 덕분에 LG생활건강은 뷰티(화장품), HPC(생활용품), 리프레시먼트(음료) 세 사업 부문이 서로 보완하는 구조를 구축한다.[48] 분명 사업 구조상으로 '절대우위+One'을 콘텐츠에 구축했다기보다는 생활소비재 기업답게 절대 우위 확보가 어려운 것을 현실적으로 인정하고 최적화된 구조를 갖추려는 인수합병으로 기업 생존의 가능성을 높였다고 평가된다. 이러한 M&A 전략은 CEO의 결단으로 이어지는 경우도 많아서, LG생활건강처럼 지식경영의 인재인 차석용 부회장을 영입하는 것으로 좋은 성과를 내기도 한다. SK가 하이닉스를 M&A하기 위해 최태원 회장의 과감한 선택이 필요했듯이, 단 한 명의 인재가 기업의 흐름을 바꾸어놓은 좋을 사례라 할 것이다.

이는 **애플**에도 적용된다. 원래 창업주였던 스티브 잡스는 실각한 후 픽사에서 문화 콘텐츠의 중요성을 절감하였다. 그는 결국 픽사를 통해 화려하게 재기했고 다시 애플로 향했다. 애플은 매킨토시로 영예를 누리던 예전 같지는 않았다. 결국 스티브 잡스를 영입하는 결정을 했고 최고의 한 수이자, 최고의 +One이 되었다. 애플이 그동안 구축한 절대우위의 혁신적 이미지가 다시 스티브 잡스라는 +One을 만나면서 아이팟과 아이폰의 잇따른 성공이라는 세련된 시작을 알렸다. 역사적으로 스티브 잡스를 빼놓은 애플을 상상하기 어려울 만큼 애플의 완벽한 보완재가 된 셈이다.

이러한 애플의 강력한 경쟁자로 떠오른 **삼성**의 경우엔 지식경영 면에서 벤치마킹의 강자라고 할 만하다. 패러다임을 주도할 만큼 위대한 창조성을 보여주지는 않지만 첨단산업에서 최상위권의 기술력 확보에 매진하며, 늘 5년 뒤를 대비하는 기업문화가 정착되어 있다. 그 덕분에 스마트폰으로 모바일 시장이 뒤집히는 격랑이 일어났을 때에도 노키아나 모토로라와는 달리 승리의 역사에 연연하지 않고 과감히 스마트폰 시장에 적응하는 움직임을 보였다. 그런데 사실 이러한 벤치마킹의 저력은 어느 정도 역량을 갖추고 있을 때 가능하다. 이미 상당한 기술 특허를 보유하고 있었고 스마트폰 시장의 진입을 검토하는 와중에 기존 시장의 주기를 늘리려는 조율을 하고 있었기에 그러한 신속한 대응이 이루어질 수 있었다. 물론 애플이 연출한 스마트폰 시장은 삼성이 생각하던 시장의 모습은 아닐 것이다. 문자메시지를 공짜로 하고 플랫폼 전략으로 전혀 다른 방식의 수익 잠재력을 이끌어내는 것에 대해 삼성은 하지 못했다. 그 때문에 삼성이 세계 경제 패러다임의 위대한 창조자 반열까지는 오르지 못했을 것이다. 다만 잠재력은 충분하므로, 앞으로 삼성이 어떤 식으로 약진할지 사뭇 궁금해진다.

기업 사례3-1:
내면화 혁신, 글로벌 혁신 기업의 CEO 중심으로

기업의 '절대우위+One'을 숙달하고 그 승리의 역사를 축적한 뒤, 이를 지속하려면 인재 육성에 대해 더 치열하게 연구해야 한다.

적절한 인재를 확보하는 방법에는 주로 두 가지가 있다. 하나는 외부에서 기업을 인수합병하듯 인재를 스카우트하는 방식일 것이다. 이미 어느 정도 완성된 인재를 영입하는 셈이다. 다른 하나는 보통의 공채로 신입이나 경력직을 뽑는 방식이다.

CEO의 경우는 모두를 혁신적인 기업문화로 이끌고 기업의 승리 경험을 안겨줄 인재일 것이다. 그들은 리더 중에서도 탁월한 스타형 인재다. CEO를 영입한다는 것은 하나의 지식 성공 사례를 인수하는 것이기도 하다. 애플에서는 자신들의 혁신적 콘텐츠를 더욱 새롭게 해줄 인재가 +One으로 필요했고, 그래서 창업주였던 **스티브 잡스**와 다시 손을 잡았다. 나중에는 스티브 잡스 없는 애플을 상상할 수 없기에 +One이었던 스티브 잡스가 마치 절대우위 그 자체가 아닌가 하는 착각이 들 만큼 그의 위상은 높아졌다. 그건 테슬라의 **일론 머스크**가 말하면 무게감을 지니는 것과 유사하다. 스티브 잡스는 투자의 향방을 결정할 정도로 스타성이 있었다. 그는 애플 역사의 중요한 기본값으로 남아서, 스티브 잡스의 애플이라고 할 만했다. 애플 창업 이후로 스티브 잡스의 재영입을 통한 혁신의 보완 효과를 기대한 것은 훌륭한 '절대우위+One' 전략였던 것으로 보인다. 애플은 위기 타개를 넘어서 아이팟과 아이폰으로 세계 경제사에 한 획을 긋는 초일류기업으로 성장했다.

이처럼 CEO에 걸맞은 탁월한 인재를 원하는 때에 언제든 활용할 수 있으면 좋겠지만 그런 인재가 항상 대기하고 있는 것은 아니다. 만일 이러한 인재를 기업 자체적으로 키워 안정적으로 적재적소에 공급하는 것에 성공한다면, 외부에서 영입하려다 발생하는 돌발 변수 없이 안정적인 지속 성장을 기대할 수 있을 것이다.

결국 안정적으로 차세대 리더들을 확보하려면, 자체적으로 오랜 시일을 두고 기업문화를 정확히 이해하고 체화한 이들을 길러내야 할 것이다. 공채로 신입이나 경력 등의 인재를 뽑을 때는 크게 두 방향을 검토할 수 있다. 첨단 지식산업을 이끄는 기업이라면, 아무래도 인재 개인의 역량 자체가 뛰어난 것에 중점을 둘 수 있다.[49] 스스로 독립된 작은 리더를 만들어내는 데에 초점을 맞출 수밖에 없다. 콘텐츠를 발굴할 이들의 기량 차이가 곧 그 기업의 본질을 창출해내기 때문이다. 이런 기업의 문화라면 개방적이고 도전적이고 성과지향적일 가능성이 높다. 하지만 세상에 이런 기업만 있는 것은 아니다. 오히려 기존의 안정된 사업 분야에서 팀워크를 중시하는 방식으로 기업문화가 정착된 사례도 많다. 이런 경우라면 인재의 기량 자체가 너무 뛰어나면 오히려 성과를 극대화하는 데에 방해가 될 수 있다. 이를테면 작은 리더를 양성하기보다는 성실한 팔로워를 길러내는 데에 집중한다고 할 수 있다.[50] 그 어느 것이 낫다고 하기는 어렵다. 그저 각자 특성에 맞게 효과적으로 인재를 양성해야 하는데, 그럼에도 어떤 인재를 길러내려고 하든 간에 공통적으로 핵심가치공유, 차세대리더 양성, 성과창출형 인재양성체계 구축이라는 3대 방향성은 있기 마련이다. 결국 기업이 중요시하는 핵심가치를 충분히 숙지해야 하고, 그것을 통하여 그 기업에 맞는 차세대 리더로 성장해야 하며, 그런 과정에서 성과를 내야 하는 것이 인재의 숙명이기 때문이다.

인재는 결국 기업의 모든 가치를 창출해내는 존재들이므로, 인재를 육성하는 것은 겉으로 대단한 절대우위를 확보하는 것 같지 않더라도 매우 중요한 일이다. 당장 기업의 가치를 상승하기 위해서라면 스타 CEO를 영입하는 데에 역량을 집중하는 편이 합리적이다. 그러나 스티브 잡스 혼자서 아이폰을 만들 수는 없다. 그것을 만들기 위해 각 분야의 전문가형 인재가 밀집해 있을 것이고, 스티브 잡스는 "한 손으로 모든 걸!"이라는 심플한 주문을 고집하며 방향성을 명확히 했을 뿐이다. 중요하지 않은 직무가 없는 셈이다.[51] 그러다 보니 자율주행차 경쟁을 하면서, 초일류기업인 애플과 테슬라는 인재를 영입하기 위해 서로 신경전을 벌이기도 한다.[52]

 기업 사례3-2:
내면화 혁신, 글로벌 혁신 기업의 기업문화 중심으로

특히 서비스업에서는 고객과 대면하는 인재의 역량이 매우 중요하다. 장인 정신은 이러한 유형의 인재들에게 중요한 덕목일 것이다. 아무리 기업 문화가 장인 정신을 강조해도 인재 내면에서 온전히 체화되지 않으면 어려운 지점이다. 일본 친절 택시의 대명사인 **MK택시**에서 손님을 직접 대면하는 기사들에게 고급스러운 예절을 익히도록 하는 데에 공을 들이듯, 호텔업계에서는 벨보이와 지배인의 표정과 몸가짐에서 호텔의 격식에 맞는 품위를 스미게 하는 데에 공을 들인다. 이런 경우라면 자신의 직업을 사랑하는 사람에게 자연스럽게 드러나는 프로 정신이 발견되곤 한다. 절대우위라 할 만한 서비스 역량일 것이다. 그건 단기간에 드러나는 것도 아니고,

단순히 월급을 많이 준다고 가능한 것도 아니다. 분명한 회사의 좋은 철학이 직원에게 스며들고, 직원 자체로도 자기 직업에 긍지를 느낄 때 가능한 일이다. 그런 인재가 많다는 것은 서비스 업계에서는 분명 그 자체로 절대우위 역량일 것이다.

또한 글로벌 생활용품 기업인 **P&G**와 같은 제조업체 역시 특출한 콘텐츠보다는 회사의 정신을 잘 아는 인재들의 역할이 컸다고 할 수 있다. 잠깐 혁신적인 콘텐츠로 주목받는 것보다 180년 동안 장수한다는 것이 더 어려운 일일 수 있다. 그들은 지금도 'P&G CEO 챌린지'라는 인재양성 프로그램을 운영한다. 이는 채용부터 신입사원, 임원 육성 등 단계별로 인재를 특화하는 인재양성법으로, P&G의 인재육성 노하우가 담겨있다고 할 수 있다. 2017년부터는 전 세계로 확대되어 이러한 인재 양성법을 적용하고 있다. 입사 초기부터 특정한 미션에 대해 해당자가 온전한 권한을 부여받고 문제 해결 능력을 배우는 방식이라고 할 수 있다. '조기책임제'라 불리는 이 제도는 직원들에 대한 신뢰를 바탕으로 이뤄진다. 또한 내부 승진제를 통하여 모두가 CEO를 꿈꿀 수 있도록 하여 무한한 발전 가능성을 제도적으로 보장하고 있다.[53] 그것은 애사심과 확실한 동기부여에 한몫하는 것으로 P&G의 성장 원동력이라 할 수 있다. 이러한 제도 덕분에 P&G의 인재들은 헤드헌터들에게 인기가 많다. 세계적인 제조업체인 제너럴일렉트릭(GE)의 최연소 최고경영자로 '잭 웰치(Jack Welch)'가 대표적인 P&G 출신 경영자다. 국내에서

도 홈플러스, 다논, 에르메스 등 유수 유통 기업 CEO들이 P&G에서 커리어를 시작했다.[54]

IBM의 경우엔 첨단산업 분야의 오래된 강자로, 27년 연속 기술 특허 취득 1위를 달성했다. IBM은 지난 1920년 이후 미국 내에서 총 14만개 이상의 특허를 등록했고, 지난해 블록체인을 비롯해 기술 분야 전반에서 9262개의 미국 특허를 취득했다.[55] 특히 AI와 클라우드 분야에서 두각을 보이고 있어 향후 그들의 움직임도 기대되고 있다. 따라서 그들은 여전히 콘텐츠 지점에서 압도적인 절대 우위를 확보할 가능성은 언제나 열려 있다.

동시에 인적자원(HR) 관리에도 AI가 적용되는 곳이기도 하다. IBM은 세계 임직원 약 35만 명을 관리하고 있으며, 매일 접수되는 지원서만도 1만 건에 이른다. 이러한 방대한 임직원 관리와 지원자 선별을 위해 HR 부서에서는 AI를 도입했다. 공정성을 실현하며 선제적 대응을 하여 각 인재를 살핀다는 점에서 AI의 장점을 극대화되고 있다. 또한 AI 기반 교육 시스템은 개인별 맞춤형 교육을 실현하고 있다. IBM은 전 임직원이 AI 기반 디지털 교육 플랫폼 '유어 러닝'을 이용한다. 매 분기 직원 98%가 방문하며 직원당 매년 평균 60시간 교육을 이수한다. 가장 인기가 많은 강의를 확인하거나 개인별 맞춤형 강의를 선택할 수 있다. 24시간 챗봇(Chatbot)을 통해 문의가 가능하다. 교육을 이수하면 '오픈 배지'를 부여한다. △지식 △기술 △전문성 △증명 △일반 등 총 5가지다. 배지를

획득한 임직원 87%는 소속감이 높아진 것으로 조사됐다.[56)]

　IBM의 사례처럼 인재 육성에도 첨단의 기법이 더 많이 도입될 것이다. 과학적인 인재 육성으로 분명하게 기업 생존과 성장에 도움이 되는 기법으로 공인되는 경우가 생긴다면 그 자체로도 절대우위 역량으로 놓을 만하다. 그리고 절대우위로 놓지 않더라도 언제나 기본값으로 인재 육성을 위한 고민을 해야 한다. 회사의 기본적인 운용을 위해서도 필수적인 부문이기 때문이다.

　인재는 모든 혁신의 시작점에도 있고, 그 혁신 뒤의 지속가능한 성장 가능성을 타진할 때에도 언제나 인재가 있기 마련이다. 심지어 기업의 역사를 채우는 존재들도 결국엔 그 기업의 인재들이다. 그들 각각을 뛰어난 재원으로 키우는 것이 중요한지, 그들의 팀워크를 극대화하는 기업문화를 수용하는 교육에 집중해야 하는 것인지는 부차적이다. 그들은 어쨌든 기업의 모든 일의 숨은 주역이고 그들의 잠재력을 최대한 끄집어내는 것은 모든 콘텐츠와 관리의 시작일 것이다. 만일 첨단 스타트업 기업처럼 직원들의 혁신성과 열의 있는 참여가 중요하다면 그들에게 연봉을 많이 주고, 실력 있는 인재를 끌어들여 혁신적 꿈을 꿀 수도 있다. 또 기업의 사회적 기여를 강조하며 직원들에게 자부심으로 무장하게 하여 박봉이더라도 산술적으로 이해하기 어려운 놀라운 성과를 끌어낼 수도 있다.

지속가능경영

 더 궁극적인 방향성

기업의 최우선적인 목표는 이윤 창출이다. 그것을 넘어서는 목표는 결국 공허한 울림이 될 수 있다. 기업이 지속적인 이윤을 내지 못하면서 보다 대아적인 목적을 위해 움직이다가는 오래 가지 못하고 도산하고 말 것이다. 그러므로 결국 기업은 '절대우위+One'을 확보하기 위해 노력해야 할 것이고, 그것을 지속가능하게 하려는 시스템을 안착하려는 노력을 할 수밖에 없다. 특히 개인이 아니라 집단이므로 언제나 이해가 상충되는 사람들끼리 잡음이 생길 수 있고 시장은 급변하곤 한다. 소비자의 취향 역시 빠르게 변할 수 있으므로 지금의 영광도 불과 몇 십 년 뒤에는 휴지조각처럼 변해버릴 수도 있다. 기업은 생존과 성장을 위해 언제나 촉각을 곤두세울 수밖에 없다.

하지만 기업으로서 입지를 구축하는 데에 성공했다면 오로지 자사의 성장만을 위한 이기적인 선택을 해서는 안 된다. 그것은 공생의 관점에서 영리한 전략이 아니다. 수많은 이들을 사회에서 적으로 돌리고 홀로 살아남을 수는 없다. 결국 자신의 생존을 위해서라도 기업은 더 큰 방향을 자사의 성장과 함께 고민해야 한다. 기업이 사회의 구성원으로 진정성을 지니고 녹아들려는 모습을 보이는 선택이야말로 그 기업의 무게감을 더하는 행보일 것이다.

사회적으로 우군이 많아진다는 것은 그 기업의 생존 가능성을 더욱 높이는 일이다. 무작정 퍼주는 방식이 아니라 기업의 이익과 사회적 책임을 저울질하여 그 균형을 잘 맞추려는 지속적인 관심이 필요하다.

외부적 행위: 기업의 사회적 책임

기업이 건전한 사회 일원이 되기 위해서는 세 가지 유형의 사회적 기여를 검토해볼 수 있다.

첫째, 탈세를 하지 않고, 해외에 비자금을 빼돌리지 않는 등 기본적인 윤리경영이 중요하다.[57] 투명한 절차로 선진적이고 공정한 운영 시스템을 마련해놓는다면 사회적인 신망을 얻을 수 있을 것이다. 비리에 얼룩지고 이권 다툼에서 진흙탕 싸움을 보였던 기업들이 그동안 많았다. 그런 기본적인 데서부터 올바른 소통은 시작된다. 사회적으로 좋은 이미지란 아주 간단한 데서부터 쌓일 수 있다. 그것조차 안 되면 다른 부문의 노력은 언제든 무너질 수 있는

허약한 토대 위에 지탱되는 것이다.

둘째, 자신이 지닌 최고의 것으로 사회에 기여하는 것이다. 자신에게 가장 자신 있는 것은 남들에게도 흡족한 것이다. 특히 기업이 '절대우위+One'으로 승리의 기억을 지녔다면, 해당 분야를 좀 먹고, 해당 생태계를 착취하는 기업으로 경쟁자와 소비자들에게 인식되길 원하지는 않을 것이다. 만일 절대우위를 확보했다고 그 분야를 황폐화시키는 첨병이 된다면 모두에게서 외면당하게 될 것이다. 그보다는 해당 분야가 여러 경제 분야에서 안정적인 입지를 구축할 수 있도록 노력해야 한다. 늘 자신의 사업을 새롭게 규정하고 차별화 시장을 만들어 가는 것이 중요하다. 그것이야말로 시장의 선도자들에게 중요한 책임이다. 또한 소비자들에게도 그러한 좋은 영향을 끼칠 수 있을 것이다. 이는 직접적으로 사회적 책임을 수행하는 기업에게도 이익을 위한 투자일 수 있다. 최근 코로나 사태로 이마트의 정용진 부회장은 협력업체를 위해 1조 원에 달하는 직간접적 지원을 하겠다고 했다.[58] 그건 다른 기업들도 마찬가지다. 백종원의 경우 가맹점을 위해 식자재를 한두 달 간 마진 없이 공급해주겠다는 것도 상생을 위한 선택일 것이다.

셋째, 기업이 궁극적으로 자신들의 이익을 사회로 환원하려는 움직임을 선택할 수도 있다. 빌 게이츠의 경우엔 재단을 설립하여 그런 기부 정신을 실천하고 있다. 한국에서는 기부 문화가 활발한 편이라 보기는 어렵지만, 기업들이 인재양성을 위해 장학재단을 설립하거나 예술계나 스포츠계에 일정한 투자를 하는 것도 이러한 맥락이라고 할 수 있다. 하지만 이번 빌 게이츠 사례에서도 알 수 있듯이 코로나 백신을 하루라도 빨리 만들기 위해 7군데 공장을 세우는데에 동시 투자를 하는 결단은 쉽지 않은 경우라 하겠다. 감동을 주는 수준의 적극적 봉사 실천은 매우 드물지만 하나의 명확한 방향성을 시사해준다.

 ## 내부적 영향:
사회의 일원으로서 기업의 이미지 향상에 따른 선순환

기업이 사회적 책임을 다할 경우 단순히 그것으로 끝나는 게 아니다. 그것은 해당 기업의 직원들이 자부심을 지니는 중요한 계기가 될 수 있다. 직원들은 그저 돈을 많이 주는 것에만 가치를 두지 않는다. 자신이 일하는 기업의 신뢰성을 보고 존경할 만한 기업일수록 더욱 더 자부심을 지니고 일할 수 있다. 그것은 결국 기업에 좋은 일이다.

기업이 성장할수록 그에 헌신한 자신의 노력 덕분에 사회에도 유익할 수 있다면, 책임감도 더욱 커질 것이다. 그냥 자부심이 아니라, 책임감과 연계된 묵직한 자부심이다. 스스로 기업의 일원이자 사회의 일원으로 더 긍정적인 자세를 기대할 수 있게 된다. 그러한 느낌을 직원들끼리 공유한다면 그들만의 연대는 더욱 각별해진다.

그렇게 해서 충족되는 만족감은 긍정적인 행복감이라 할 수 있다. 기업문화와 동일시하며 자신의 기업을 향해 더 헌신하려는 충성도가 커질 수 있다.

기업이 사회적 책임을 진정성 있게 할 때, 직원들은 자부심, 책임감, 행복감의 삼각 균형을 이루게 된다. 그리고 그것은 다시금 기업의 '절대우위+One'을 지속가능하게 해주는 인재의 진정한 내면화 혁신을 성취하게 된다.

콘텐츠 혁신
(기술개발)

관리 혁신
(지식경영)

내면화 혁신
(인재육성)

'절대우위+One'의 강화를 위한 필수 3요소

'절대우위+One'을 안정적으로 지속가능하게 하려면, 필수 3요소
의 균형이 맞아야 한다.

- 콘텐츠 혁신: 기업에서는 주로 '기술 및 서비스 개발'의 역량을 뜻
한다.

- 관리 혁신: 복합적인 기술 요소와 기업 내부 요소를 총체적으로 관

리할 다양한 기법이 있으며, 이중에서 지식을 효과적으로 자산화하고 명시화하는 기법을 '지식경영'의 중심에 둔다.

■ 내면화 혁신: '절대우위+One' 전략의 추진과 숙달을 통해 승리한 경험이 축적되면, 이를 지속할 신념과 자부심을 통하여 자신이 하는 일에 대한 선순환이 가능해진다. 개인과 달리 조직에 속한 모두에게 기업문화를 내면화시켜야 하므로, '인재육성'에 관한 혁신이 중요하다.

'절대우위+One'의 선정을 위해 검토해야 할 필수 3요소

'절대우위+One'을 주로 콘텐츠 지점에서 추출하지만, 관리의 지점, 내면화의 지점에서도 '절대우위+One' 후보를 검토할 수 있다.

■ 콘텐츠 지점에서는 주로 기업이 속한 '해당 분야의 주요 기량'을 검토한다.

■ 관리 지점에서는 '기술 및 지식 자산'을 분석하고, 활용하고, 명시화하고, 보호하는 등 다양한 관리 역량을 검토한다.

■ 내면화 지점에서는 하는 일에 대한 '근원적 동기부여(신념 및 자부심)'를 위해 '기업 문화와 가치를 조직 구성원들에게 축적시키며 그들의 잠재력을 끌어올려주는' 인재육성 역량을 검토한다.

에필로그

역사적 최강대국의
'절대우위+One'

　역사적으로 세계의 패권을 차지한 국가의 경우에는 대개 절대우위가 군사력이라 할 수 있다. 역사상 최대 연륙제국이었던 몽골제국, 그리고 해상으로 광범위한 제국주의 국가를 건설한 대영제국, 고대의 천년왕국 로마제국, 20세기의 초강대국 미국 등은 모두 기본적으로 주변에 비해 압도적으로 강력한 군사력을 바탕으로 세계를 선도하는 지위에 올랐다.

　그런 면에서 세계의 진정한 패러다임은 결국 힘에 의한 것이라는 걸 역사적 제국을 보면 선명하게 알 수 있다. 로마만큼이나 경제적으로 부흥했던 카르타고는 포에니 전쟁에서 패배함으로써 경제력 역시 급격히 쇠퇴한다. 경제적으로나 문화적으로 몽골을 압도했던 중원 지역 역시 몽골의 군대에 무력하게 무너진다. 대영제국은 산업혁명으로 그 힘을 얻어 세계로 뻗어나갔지만, 그것은 그들의 제국이 지닌 개성을 부각할 뿐, 그들이 아프리카의 종단 정책과 인도의 식민지화에 성공하고, 아편전쟁으로 중국의 아성을 무너뜨린 것은 강한 해군력이 있었기 때문이다. 유럽이 두 차례 세계대전으로 무너졌을 때도 미국은 여전히 군사력을 유지한 덕분에 더는 극복할 수 없는 차이를 창출해내는 데에 성공했다. 소련과의 체제 경쟁을 통해서 소련이 무너질 때는 경제력과 체제의 승리가 결정적인 역할을 했지만, 이 역시 기본적으로 군사력을 지탱하고 있기에 가능했다. 안 그랬다면 펠로폰네소스 전쟁에서 스파르타에 진 아테네 꼴이 되었거나 로마에 진 카르타고 신세로 전락했을 것이다. 문명을 지키는 힘은 군사력이었고, 그것에서 절대우위를 점한 국가가 시대의 패러다임을 지배했다.

결론적으로 대개의 초강대국은 강력한 군사력이라는 공통적인 절대우위를 가졌다. 오히려 그들의 제국이 개성을 얻는 것은 당시 시대적 상황이라 할 만한 외부 요인, 그리고 그들이 확보한 기본값이나, +One의 개성에서 비롯된 것으로 보인다.

예를 들어 **로마제국**은 피지배민족조차 로마의 수장이 될 수 있는 관대한 개방성이라는 문화적 +One 덕분에 최강대국으로 올랐다. 사실 포에니 전쟁 당시 카르타고의 한니발 장군은 알프스 산맥을 넘어서 로마를 고립시키는 작전을 폈다. 그럴 경우 과거 페르시아를 무너뜨린 알렉산더의 군사 전술대로, 많은 이민족이 로마를 등질 것으로 판단했다. 그런데 예상은 빗나갔다. 모두가 로마를 위해서 일어선 것이다. 그들로서는 전쟁에서 패배하자마자 곧바로 항복 서약을 할 경우 모두 차별 없이 로마시민으로 맞이했던 로마의 관용 정책 덕분에 진심으로 로마에 충성했던 것이다. 한니발은 결국 역사적으로 손꼽힐 만한 용병술을 쓰고도 로마에 지고 만다.

몽골제국은 칭기즈칸의 핵심 정예병조차 여러 국적으로 이뤄졌다고 한다. 철저하게 실력주의로 국적을 불문하였다. 아시아 각지에서 출중한 군사들을 모을 수 있었고, 결국엔 세계를 제패한다. 또한 그러한 기조는 몽골제국을 건설하던 전성기에도 유지되어 연경은 다국적 도시로 불야성을 이루곤 했다. 몽골제국 초기에는 "귀가 나를 가르쳤다"는 칭기즈칸의 가치가 반영되어 있다. 즉 +One으로 관대한 개방 정책을 둘 수 있으나, 모순적이게도 몽골제국에서는 철저하게 신분제를 실시하며 한족을 차별하였고, 그것은 결국 그들의 개방성에 한계가 있는 것으로 드러난다. 그들은 100년도 넘기지 못하고 중원에서 밀려난다.

대영제국은 세계 해상 제국 중 최대 판도 변화를 이끌었다. 그들의 해군력은 스페인의 무적함대를 무너뜨리면서 그 전설이 시작되었다. 사실 그들은 대단한 전법을 썼다기보다는 해상 전술의 패러다임 자체를 바꾸었다. 스페인 무적함대 때만 해도 상대 배에 갈고리를 던져 거리를 좁히고, 해병들이 갑판에서 칼싸움을 하는 방식이었다. 그런데 영국의 가볍고 빠른 배는 그것을 허용하지 않았고, 대포 기술 덕분에 스페인의 무적함대가 접근하기도 전에 함대를 격파할 수 있었던 것이다. 그들은 신식 무기를 전쟁에 적극적으로 도입했고, 산업혁명이 일어나면서는 더 강력한 성능의 전함 등을 만들어낼 수 있었다. 그들은 급격히 팽창하는 산업물자의 판매처를 찾아야 했고, 이러한 경제적 목적과 정치적 목적이 맞물려서 아프리카 등지로 식민지를 개척하려고 나선다. 그들에게는 산업혁명이라는 +One이 있었다. 조금 더 세밀하게 보면 그들은 산업혁명으로 발달한 교통 혁명 덕분에 예전에는 가닿기도 어려웠던 거리에 있는 미지의 대륙에 거대한 식민지를 건설하고 해상제국이라는 타이틀을 얻게 되었다.

미국은 유럽 열강이 몰락하고 숙적 소련과의 체제 경쟁을 통하여 큰 발전을 이루었다. 그리고 결국 자본주의와 민주주의라는 경제적 정치적 결합체제를 공산주의와 사회주의라는 결합체제와의 경쟁에서 이기는 경험을 한다. 이는 냉전이라는 외부 요인이었고, 이 덕분에 자유주의 진영에서는 미국이라는 대국의 도움이 필요했다. 그들이 세계적으로 진출하기에 수월한 조건이었다. 또한 그들의 할리우드와 대중음악은 문화적으로도 세계 대중의 시선을 사로잡았다. 이는 기본값이라 할 만하다. 무엇보다도 민주주의의 종주국이라는 자부심을 +One으로 하여, 그들은 자유주의 진영을 지켜주는 역할을 한다고 믿는다. 평화를 지키는 경찰국가라는 자부심 때문인지 그들은 대영제국 때와는 달리 노골적으로 거대한 해상제국을 자처할 수 없었다. 그래서 겉으로는 분명 미국 영토만이 그들의 영역이지만, 실제로는 각 지역의 작은 섬이나 국가에 미군 기지를 세우고 항공모함을 통하여 세계를 지배한다. 이를 대니얼 임머바르를 '점묘주의 제국'이라 부른다. 미국은 세계를 지배하지만 지배하지 않는 것처럼 행동한다. 그들이 평화의 사도라는 자부심 때문일 것이다. 그 때문에 어떤 이는 미국을 위선적이라고 비판하고, 또 어떤 이들은 '미국이 그래도 선량하다'는 주장을 하게 되었다. 그 어느 쪽이든 이는 미국을 독특한 선도국가로 만들었다.[59]

참고문헌 및 미주

참고문헌

게리 하멜, 〈하버드 머스트 리드 경영자 리더십〉, 매일경제신문사, 2019

나카무라 겐이치, 〈안녕하세요 MK택시 유봉식입니다〉, 윌북, 2004

다나카 미치아키 지음, 류두진 · 문세나 옮김, 〈2022 누가 자동차 산업을 지배하는가?〉, 한스미디어, 2020

대니얼 코일 지음, 박지훈 옮김, 〈최고의 팀은 무엇이 다른가〉, 웅진지식하우스, 2018

데이브 목 지음, 박정태 옮김, 〈퀄컴 이야기〉, 굿모닝북스, 2007

데이브 엡스타인 지음, 이한음 옮김, 〈늦깎이 천재들의 비밀〉, 열린책들, 2020

랜디 로스 지음, 김정혜 올김, 〈앞서가는 조직은 왜 관계에 충실한가〉, 현대지성, 2020

로버트 기요사키 지음, 안진환 옮김, 〈부자 아빠 가난한 아빠〉, 민음인, 2018

마이클 말론 지음, 김영일 옮김, 〈인텔〉, 디아스포라, 2016

마이클 포터 지음, 김경묵 · 김연성 옮김, 〈경쟁론〉, 2011

벤 티글러 · 조엘 아츠 지음, 김경섭 · 윤경로 번역, 〈하루 만에 끝내는 MBA〉, 김영사, 2015

시드니 핑켈스타인 지음, 이진원 옮김, 〈슈퍼 보스〉, 문학동네, 2020

알렉스 모아제드 · 니콜라스 존슨 지음, 이경식 옮김, 〈플랫폼 기업전략〉, 세종연구원, 2019

조안 마그레타 지음, 김언수 · 김주권 · 박상진 옮김, 〈당신의 경쟁전략은 무엇인가〉, 진성북스, 2016

찰스 모리스 지음, 엄성수 옮김, 〈테슬라 모터스〉, 을유문화사, 2015

카와카쓰 노리아키 지음, 김윤경 옮김, 〈일본전산의 독한 경영 수업〉, 더퀘스트, 2018

클라우스 슈밥 지음, 송경진 옮김, 〈클라우스 슈밥의 제4차산업혁명〉, 새로운현재, 2016

클레이 크리스텐슨, 〈파괴적 혁신 4.0 (기업의 생존과 성장을 위한 11가지 핵심 가이드)〉, 세종서적, 2018

클레이 크리스텐슨, 〈혁신 기업의 딜레마 (미래를 준비하는 기업들의 파괴적 혁신 전략)〉, 세종서적, 2020(개정판)

피터 드러커 지음, 이재규 옮김, 〈피터 드러커 자기경영노트〉, 한국경제신문, 2019(제3판)

TI, 〈Leadership I : Participant Materials〉, 1996–9

TI, 〈Leadership II : Participant Materials〉, 1996–9

강성춘, 〈인사이드 아웃〉, 21세기북스, 2020

권오현, 〈초격차〉, 쌤앤파커스, 2018

김병우 · 이용주, 〈스마트자동차〉, 미전사이언스, 2012

김성호, 〈일본전산 이야기〉, 쌤앤파커스, 2009

김언수 · 김봉선, 〈Top을 위한 전략경영 5.0〉, 피앤씨미디어, 2018

김영준, 〈기술경영학개론〉, 탐진, 2017

김욱, 〈가슴이 뛰는 한 나이는 없다〉, 리수, 2014

김재경 · 이봉수, "The Impact of Knowledge Management and Localization Activity on

Global Competitiveness", Journal of Korea Trade, 2015

김재경 · 이봉수 · 김준현, "Assesment of Competitiveness Improvement on Multinational Enterprises based in Korea", Journal of Korea Trade, 2019

매일경제지식프로젝트팀, 〈지식혁명보고서〉, 매일경제신문사, 1998

박기혁, 〈스마트카 전쟁〉, 동아엠엔비, 2016

박평호, 〈소프트웨어 스타트업 거인들의 성공 이야기 63〉, 한스미디어, 2015

안상희 · 강동철, 〈삼성의 CEO들은 무엇을 공부하는가〉, 알프레드, 2015

안영진, 〈변화와 혁신〉, 박영사, 2011(초판)/2020(제5판)

연대성, 〈세상에서 가장 쉬운 4차 산업혁명 100문 100답〉, 책들의정원, 2018

오근엽 · 유진만, 〈국제무역론〉, 학현사, 2020(제4판)

유재욱 · 이근철 · 선정훈, 〈현대사회와 지속가능경영〉, 박영사, 2014

이영직, 〈세상을 움직이는 100가지 법칙〉, Sb, 2009

이장우, 〈인공지능이 나하고 무슨 관계지?〉, 올림, 2019

이재형, 〈전략을 혁신하라〉, 청림출판, 2016

이정동, 〈축적의 길〉, 지식노마드, 2017

이창훈, 〈잡스처럼 꿈꾸고 게이츠처럼 이뤄라〉, 머니플러스, 2010

이홍민, 〈새로운 인재경영의 미래〉, 리드리드출판, 2020

장선구 · 박환재 · 이진형, 〈와이드 경제학 원론〉, 비앤엠북스, 2019

장세진, 〈글로벌경쟁시대의 경영전략〉, 박영사, 2005(제4판)

장재준 · 황온경 · 황원규, 〈4차 산업혁명, 나는 무엇을 준비할 것인가〉, 한빛비즈, 2017

정구현, 〈한국기업의 글로벌 경영〉, 위즈덤하우스, 2008

정인성, 〈반도체제국의 미래〉, 이레미디어, 2019

한국공학한림원 편저, 〈꿈이 만든 나라: 대한민국 산업기술 100장면〉, 다니비앤비, 2019

홍성태, 〈그로잉업〉, 북스톤, 2019

홍은주, 〈그림으로 이해하는 경제사상〉, 개마고원, 2006

대한상공회의소, 2014~2018, www.korham.net

유엔무역개발협의회, www.unctad.org

Clarivate Analytics Report, 2020, www.clarivate.co.kr

Forbes Report, 2017~2018, www.forbes.org

Fortune Report, 2012~2018, www.fortune.org

OECD Report, 2016~2019, www.oecd.org

Thompson Reuters, 2019,www.thompson.org

Weekiy KDB Report, 2017, www.weekiy.org

WEF Report, 2016, www.wef.org

미주

1. 두산백과, 〈핵심역량〉, NAVER 지식백과

2. 오근엽 · 유진만, 〈국제무역론(제4판)〉, 학현사, 2020, 제4절

3. 이영직, 〈세상을 움직이는 100가지 법칙〉, Sb, 2009, 103~104쪽

4. 이한영, 〈붉은 여왕 가설〉, NAVER 지식백과(제공처: 이한영, 〈너 이런 경제법칙 알아?〉, 21세기북스, 2016

5. 임진혁, 〈노키아 · 코닥처럼,세계1위 '달콤함' 안주땐 한순간에 물거품〉, 서울경제, 2020-01-02

6. 조진래, 《(원클릭시사) 펠츠만 효과〉, 브릿지경제, 2019-11-20

7. 김상수, 〈하이트, 진로 인수 조건부 승인〉, 동아일보, 2005-07-21

8. 유재욱 · 이근철 · 선정훈, 〈현대사회와 지속가능경영〉, 박영사, 2014, 183쪽

9. 김익현, 〈생명 5년남은 미키 마우스, 어떻게 될까〉, ZDNET Korea, 2019-01-02

10. 박순찬, 〈차고에서 출발, 우주까지 도전… 구글의 아버지들, 구글을 떠나다〉, 조선일보, 2019-12-05

11. 이지윤, 〈디즈니와 픽사, '토이 스토리' 우디X버즈 버금가는 찰떡 호흡〉, 맥스무비, 2019-06-27 // 이창훈, 〈잡스처럼 꿈꾸고 게이츠처럼 이뤄라〉, 머니플러스, 2010, 242~246쪽

12. 전자신문, 〈[e월드] 일본-소니, 아이와 브랜드에 과감한 메스〉, 2003-01-13 // 박은주, 〈추억의 '아이와' 브랜드 살아날까...日업체, 부활 시동〉, 베타뉴스, 2017-06-20

13. 김성호, 〈일본전산 이야기〉, 쌤앤파커스, 2009, 39쪽

14. 데이브 목 지음, 박정태 옮김, 〈퀄컴 이야기〉, 굿모닝북스, 2007, 178.180.181.304쪽

15. 김성호, 〈일본전산 이야기〉, 쌤앤파커스, 2009, 215쪽

16. 박혜린, 〈[Who Is?] 이재현 CJ그룹 회장〉, BusinessPost, 2020-01-09

17. 김우영, 〈NASA "21세기 안에 달에서 광물 개발 가능할 것"〉, 헤럴드경제, 2019-07-21

18. 데이브 목 지음, 박정태 옮김, 〈퀄컴 이야기〉, 굿모닝북스, 2007, 20.25쪽 // 벤 티글러 · 조엘 아츠 지음, 김경섭 · 윤경로 번역, 〈하루 만에 끝내는 MBA〉, 김영사, 2015, 169~170쪽

19. 김현아, 〈구글의 70:20:10, 그 속에 담긴 뜻은?〉, 아이뉴스24, 2008-01-30 // 게리 하멜, 〈하버드 머스트 리드 경영자 리더십〉, 매일경제신문사, 2019, 43쪽 // 이영직, 〈세상을 움직이는 100가지 법칙〉, Sb, 2009, 241쪽

20. MBC스포츠탐험대, 〈[MBC 특집] 퀸연아! 나는 대한민국이다〉, 2009-5-17

21. 신창용, 〈"가공할" 류현진, 전반기 10승 · 평균자책 3.44로 마감〉, 연합뉴스, 2014-07-14

22. 뉴시스, 〈美매체 "김광현, 투피치 벗어나야 선발도 가능"〉, 2019-12-25

23. 안승호, 〈진화하는 오승환, '공포의 포크볼' 장착〉, 스포츠경향, 2015-04-17

24. 백형찬, 〈글로벌 리더-세계무대를 꿈꾸는 젊은이들이 알아야 할 아홉 가지 원칙〉, 살림지식총서312, 2007 : NAVER 지식백과

25. 동아일보, 〈[문학]시인 김춘수-소설가 하성란 다작 작가 영예〉, 2002-05-28

26. 이창훈, 〈잡스처럼 꿈꾸고 게이츠처럼 이뤄라〉, 머니플러스, 2010, 155쪽 // 구본권, 〈"컴퓨터를 만인의 도구로" '복붙'의 발명자 사망〉, 한겨레, 2020-02-20

27. 정동일, 〈[정동일의혁신리더십] 위기 때 빛났던 잭 웰치의 리더십〉, 세계일보, 2020-04-23 // 배준호, 〈'전설적인 GE CEO' 잭 웰치, 별세…향년 84세〉, 이투데이, 2020-03-03

28. 대니얼 코일 지음, 박지훈 옮김, 〈최고의 팀은 무엇이 다른가〉, 웅진지식하우스, 2018, Chapter4

29. 게리 하멜, 〈하버드 머스트 리드 경영자 리더십〉, 매일경제신문사, 2019, 36쪽

30. 코메디닷컴, 〈극장은 영화로 돈을 벌지 않는다〉, 2014-01-23

31. 권홍우, 〈B-52 폭격기, 성능개량으로 100년 넘기나〉, 서울경제, 2018-02-13 // 정충신, 〈무적 F22에 '눈뜨고 당해'〉, 문화일보, 2007-04-30

32. 홍성원, 〈빌 게이츠 "수십억弗 버린데도 코로나 백신 만든다면 OK"〉, 헤럴드경제, 2020-04-05

33. 〈팬데믹: 인플루엔자와의 전쟁〉, 넷플릭스 // 〈익스플레인 세계를 설명하다 시즌2: 전염병의 위협〉, 넷플릭스 // 황민규, 〈코로나19는 시작에 불과, 수십만개의 바이러스가 기다린다〉, 조선비즈, 2020-04-08

34. 벤 티글러 · 조엘 아츠 지음, 김경섭 · 윤경로 번역, 〈하루 만에 끝내는 MBA〉, 김영사, 2015, 192~198쪽

35. 찰스 모리스 지음, 엄성수 옮김, 〈테슬라 모터스〉, 을유문화사, 2015, 287.314쪽 // 박기혁, 〈스마트카 전쟁〉, 동아엠앤비, 2016, 21쪽

36. 박기혁, 〈스마트카 전쟁〉, 동아엠앤비, 2016, 58.89.92쪽

37. 데이브 목, 〈퀄컴 이야기〉, 굿모닝북스, 2007, 18.101.133.162.177.184.290.301.384쪽

38. 윤정훈, 〈[코로나에 뜬 대체재] 넷플릭스, 가입자 2억명 눈앞…사회적 거리두기 수혜〉, 아주경제, 2020-05-13

39. 이정환 · 천예선, 〈삼성-현대차, 미래성장동력 '전기차 배터리' 선점〉, 헤럴드경제, 2020-05-13 // 도병욱 · 김보형, 〈현대車 차세대 전기차 온다..충전 15분 · 실내 팰리세이드급〉, 한경닷컴, 2020-05-10

40. 최갑천, 〈'구광모의 실용주의' LG, 그룹 사업보고회 하반기로 통합〉, 파이낸셜뉴스,

미주

2020-05-12

41. 최재서, 〈LG화학, 파나소닉 제치고 세계 배터리 시장 '첫 1위'〉, 연합뉴스, 2020-05-07

42. 데이브 목 지음, 박정태 옮김, 〈퀄컴 이야기〉, 굿모닝북스, 2007, 164.267.276.278쪽

43. 박기혁, 〈스마트카 전쟁〉, 동아엠엔비, 2016, 14~15쪽

44. 김은형, 〈100% 영국계회사 '홈플러스' 이승한 회장 "한국 현지화전략, 말레이시아로 역수출"〉, 한겨레, 2011-09-05

45. 정구현, 〈한국기업의 글로벌 경영〉, 위즈덤하우스, 2008, 420쪽

46. 유진우, 〈이랜드, 말레이시아에 3大 SPA 동시 오픈…동남아 공략 시동〉, 조선비즈, 2015-12-13

47. 데이브 목 지음, 박정태 옮김, 〈퀄컴 이야기〉, 굿모닝북스, 2007, 150~155쪽

48. 매경이코노미, 〈차석용 LG생활건강 부회장 | 15년 동안 매년 '사상 최고 실적'〉, 매일경제, 2020-04-09

49. 이창훈, 〈잡스처럼 꿈꾸고 게이츠처럼 이뤄라〉, 머니플러스, 2010, 204쪽 // 김성호, 〈일본전산 이야기〉, 쌤앤파커스, 2009, 222.224쪽

50. 김성호, 〈일본전산 이야기〉, 쌤앤파커스, 2009, 13.22.23쪽

51. 찰스 모리스 지음, 엄성수 옮김, 〈테슬라 모터스〉, 을유문화사, 2015, 384쪽

52. 김나은, 〈애플은 테슬라의 무덤이다?…양사 인재전쟁 점입가경〉, 이투데이, 2016-04-20

53. 변수연, 〈P&G, 인재양성 프로그램부터 남다르네〉, 서울경제, 2017-09-28

54. 유진우, 〈180년 역사 P&G, 장수와 성공의 비결은 '세계적 인재육성법'〉, 조선비즈, 2017-05-12

55. 윤지현, 〈IBM "27년 연속 기술특허 취득 1위…AI · 클라우드 두각"〉,뉴스1, 2020-01-15

56. 오다인, 〈인적자원(HR) 관리에 스며든 AI…"핵심 인재만 콕콕"〉, 전자신문, 2020-04-15

57. 유재욱 · 이근철 · 선정훈, 〈현대사회와 지속가능경영〉, 박영사, 2014, 272.299쪽

58. 변동진, 〈[Who is?] 코로나위기서 상생 · 소통 돋보인 정용진…신세계도 띄울까〉, 오피니언뉴스, 2020-04-23

59. EBS, 〈다큐프라임-강대국의 비밀〉 // 대니얼 임머바르, 〈미국, 제국의 연대기〉, 글항아리, 2020